# 광주광역시 공공기관

# 직원 통합 채용

# 일반상식

# 기출동형 모의고사

| 제 1 회 | 영 역 | 일반상식 |
|---|---|---|
| | 문항수 | 총 20문항 |
| | 시 간 | 20분 |
| | 비 고 | 객관식 4지선다형 |

SEOWONGAK
(주)서원각

# 제1회 기출동형 모의고사

**1.** 다음 글에서 ⓐ : ⓑ의 의미 관계와 가장 유사한 것은?

> 역사적으로 볼 때 시민 혁명이나 민중 봉기 등의 배경에는 정부의 과다한 세금 징수도 하나의 요인으로 자리 잡고 있다. 현대에도 정부가 세금을 인상하여 어떤 재정 사업을 하려고 할 때, 국민들은 자신들에게 별로 혜택이 없거나 부당하다고 생각될 경우 ⓐ납세 거부 운동을 펼치거나 정치적 선택으로 조세 저항을 표출하기도 한다. 그래서 세계 대부분의 국가는 원활한 재정 활동을 위한 조세 정책에 골몰하고 있다.
>
> 경제학의 시조인 아담 스미스를 비롯한 많은 경제학자들이 제시하는 바람직한 조세 원칙 중 가장 대표적인 것이 공평과 효율의 원칙이라 할 수 있다. 공평의 원칙이란 특권 계급을 인정하지 않고 국민은 누구나 자신의 능력에 따라 세금을 부담해야 한다는 의미이고, 효율의 원칙이란 정부가 효율적인 제도로 세금을 과세해야 하며 납세자들로부터 불만을 최소화할 수 있는 방안으로 ⓑ징세해야 한다는 의미이다.

① 컴퓨터를 사용한 후에 반드시 전원을 꺼야 한다.

② 관객이 늘어남에 따라 극장이 점차 대형화되었다.

③ 자전거 타이어는 여름에 팽창하고 겨울에 수축한다.

④ 먼 바다에 나가기 위해서는 배를 먼저 수리해야 한다.

**2.** 다음 밑줄 친 부분과 같은 의미로 쓰인 것은?

> 날이 더우니까 사소한 일에도 신경이 간다.

① 오늘 만난 남자에게 무척 호감이 간다.

② 나는 매년 송년 모임을 빠지지 않고 간다.

③ 이 차는 전기로만 간다.

④ 너무 무리하다가는 몸에 축이 간다.

**3.** 다음 중 빈칸에 공통으로 들어갈 말로 적절한 것은?

> • 관직에 ( ).
> • 산에 ( ).
> • 비행기에 ( ).
> • 이민 길에 ( ).

① 짜다

② 오르다

③ 돌려주다

④ 타다

**4.** 다음 문장들을 순서에 맞게 배열한 것은?

> (가) 우리는 곡선의 공간이 곧게 펴지는 것을 발전 혹은 개발이라고 표현한다.
> (나) 그러나 굽은 하천을 직선으로 펴는 하천 직강하가 이루어지자 작은 재해에도 심각한 피해가 발생하고, 신도시를 건설하자 기존 사람들은 소외되고 말았다.
> (다) 따라서 이제는 주름지고 접힌 공간의 의미를 찾아내고 복원하는 것에 관심을 기울여야 한다.

① (가) - (나) - (다)

② (가) - (다) - (나)

③ (나) - (가) - (다)

④ (나) - (다) - (가)

**5.** 다음 글을 읽고, 빈칸에 들어갈 내용으로 가장 적절한 것은?

---

＿＿＿＿＿＿＿＿＿＿＿＿＿＿＿＿＿＿＿＿＿ 구
체적으로는 전자는 이 제도를 계층 간, 세대 간 소득 재분배의 수
단으로 이용해야 한다고 주장한다. 소득이 적어 보험료를 적게 낸
사람에게 보험료를 많이 낸 사람과 비슷한 연금을 지급하고, 자녀
세대의 보험료로 부모 세대의 연금을 충당하는 것은 그러한 관점
에서 이해될 수 있다. 하지만 후자는 이처럼 사회 구성원 일부에
게 희생을 강요하는 소득 재분배는 물가 상승을 반영하여 연금의
실질 가치를 보장할 수 있을 때만 허용되어야 한다고 비판한다.

---

① 우리나라에서 공적 연금 제도는 긍정적인 효과를 가져온다.

② 우리나라에서 공적 연금 제도는 부정적인 효과를 가져온다.

③ 우리나라에서 공적 연금 제도의 목적은 나이가 많아 경제 활
동을 못하게 되었을 때 일정 소득을 보장하여 경제적 안정을
도모하는 것이다.

④ 우리나라에서 공적 연금 제도를 운영하는 과정에는 사회적
연대를 중시하는 입장과 경제적 성과를 중시하는 입장이 부
딪히고 있다.


**6.** 다음 글에 대한 이해로 적절하지 않은 것은?

---

위험 공동체의 구성원이 납부하는 보험료와 지급받는 보험금은 그
위험 공동체의 사고 발생 확률을 근거로 산정된다. 특정 사고가
발생할 확률을 정확히 알 수 없지만 그동안 발생된 사고를 바탕으
로 그 확률을 예측한다면 관찰 대상이 많아짐에 따라 실제 사고
발생 확률에 근접하게 된다. 본래 보험가입의 목적은 금전적 이득
을 취하는 데 있는 것이 아니라 장래의 경제적 손실을 보상받는
데 있으므로 위험 공동체의 구성원은 자신이 속한 위험 공동체의
위험에 상응하는 보험료를 납부하는 것이 공정할 것이다. 따라서
공정한 보험에서는 구성원의 각자가 납부하는 보험료와 그가 지급
받을 보험금에 대한 기댓값이 일치해야 하며 구성원 전체의 보험
료 총액과 보험금 총액이 일치해야 한다. 이때 보험금에 대한 기
댓값은 사고가 발생할 확률에 사고 발생 시 수령할 보험금을 곱한
값이다. 보험금에 대한 보험료의 비율을 보험료율이라 하는데, 보
험료율이 사고 발생 확률보다 높으면 구성원 전체의 보험료 총액
이 보험금 총액보다 더 많고, 그 반대의 경우에는 구성원 전체의
보험료 총액이 보험금 총액보다 더 적게 된다. 따라서 공정한 보
험에서는 보험료율과 사고 발생 확률이 같아야 한다.

---

① 보험가입의 목적은 장래에 금전적 이득을 취하는 데 있다.

② 보험금은 그 위험 공동체의 사고 발생 확률을 근거로 산정된다.

③ 공정한 보험은 구성원의 보험료와 지급받을 보험금의 기댓값
이 일치해야 한다.

④ 보험금에 대한 기댓값은 사고가 발생할 확률에 사고 발생 시
수령할 보험금을 곱한 값이다.


**7.** 다음 글을 근거로 할 때, 사료를 탐구하는 자세로 옳지 않은
것은?

---

역사라는 말은 사람에 따라 다양한 뜻으로 사용되고 있지만, 일반
적으로 '과거에 있었던 사실'과 '조사되어 기록된 과거'라는 두 가
지 뜻을 지니고 있다. 즉, 역사는 '사실로서의 역사'와 '기록으로서
의 역사'라는 두 측면이 있다. 전자가 객관적 의미의 역사라면, 후
자는 주관적 의미의 역사라 할 수 있다. 우리가 역사를 배운다고
할 때, 이것은 역사가들이 선정하여 연구한 '기록으로서의 역사'를
배우는 것이다.

---

① 사료는 '과거에 있었던 사실'이므로 그대로 '사실로서의 역사'
라고 판단한다.

② 사료를 이해하기 위해 그 사료가 기록된 당시의 전반적인 시
대 상황을 살펴본다.

③ 사료 또한 사람에 의해 '기록된 과거'이므로, 기록한 역사가
의 가치관을 분석한다.

④ 동일한 사건 또는 같은 시대를 다루고 있는 여러 다른 사료
와 비교·검토해 본다.


**8.** 다음 중 광개토대왕의 업적에 해당하지 않는 것은?

① 내물왕의 요청으로 낙동강 유역에 군대를 보내 왜군을 격파
하였다.

② 평양천도를 단행하여 고조선문화를 계승하였다.

③ 후연을 정벌하여 요동으로 진출하였다.

④ 숙신을 복속시켜 북쪽의 판도를 넓혔다.

**9.** 다음에 주어진 내용에 해당하는 성격의 토지는?

- 매매는 물론 세습이 가능하였다.
- 농민들이 소유하였으며 얼마 간의 세금을 내야 했다.

① 정전
② 녹읍
③ 공음전
④ 내장전

**10.** 다음을 통해 알 수 있는 단체의 기능으로 옳은 것은?

사군이충, 사친이효, 교우이신, 임전무퇴, 살생유택

① 계급 간의 갈등을 조정하고 완화시켰다.
② 귀족 연합의 성격을 반영하고 있다.
③ 왕권과 귀족세력을 조화시켰다.
④ 유학이 종교적 · 정치적으로 지배하게 되었다.

**11.** 다음 내용과 관련이 있는 유적은 무엇인가?

- 도굴당하지 않고 완전한 형태로 발굴되었다.
- 무덤의 주인공을 알려주는 지석이 발견되었다.
- 중국 남조의 영향을 받아 연꽃 등 우아하고 화려한 무늬를 새긴 벽돌로 무덤 내부를 쌓았다.

① 무령왕릉
② 강서대묘
③ 천마총
④ 장군총

**12.** 다음 내용과 관련 있는 1920년대의 민족운동단체는?

- 민족유일당운동
- 민족주의 진영과 사회주의 진영의 이념 초월
- 광주학생항일운동 조사단 파견

① 보안회
② 신간회
③ 독립협회
④ 헌정연구회

**13.** 재산 · 노동의 유무와 상관없이 모든 국민에게 개별적으로 무조건 지급하는 소득으로, 국민 모두에게 조건 없이 빈곤선 이상으로 살기에 충분한 월간 생계비를 지급하는 것을 의미하는 것은?

① 재난소득
② 기초연금
③ 기본소득
④ 사회수당

**14.** 다음 중 숏폼 콘텐츠 과다 사용으로 나타날 수 있는 현상을 일컫는 용어는?

① 딥 브레인
② 팝콘 브레인
③ 스마트 브레인
④ 릴렉스 브레인

**15.** 이것은 호주의 비영리단체 YGAP가 기획한 '아동학대 근절 캠페인'으로 다섯 개의 손가락 중 하나의 손가락에만 매니큐어를 바르는 것으로 표현된다. 이는 '전 세계 18세 미만의 아이들 및 청소년 5명 중 1명이 신체적, 성적 폭력에 고통 받고 있다'는 사실을 의미하는 것이다. 이것은 무엇인가?

① 미투 운동

② 아이스버킷챌린지

③ 스테이 스트롱

④ 폴리시드 맨

**16.** 그린러시(Green Rush)에 대한 설명으로 가장 알맞은 것은?

① 금광이 발견된 지역으로 사람들이 몰려드는 현상을 말한다.

② 반짝이는 기발한 아이디어와 창조적 사고의 전문직 종사자를 일컫는다.

③ 대마초가 합법화된 나라로 자금이나 사람이 몰려드는 현상이다.

④ 친환경 가치를 경쟁요소로 새로운 시장과 부가가치를 창출하는 사업이다.

**17.** '자연의 아름다운 경치를 몹시 사랑하고 즐기는 성벽'이라는 뜻으로 실제로 좋지 않은 습관을 가리킬 때 사용하는 말은?

① 당구풍월(堂狗風月)

② 호각지세(互角之勢)

③ 단순호치(丹脣皓齒)

④ 연하고질(煙霞痼疾)

**18.** 제4의 물질 상태라고 불리며, 초고온에서 전자(음전하)와 이온(양전하)으로 기체가 분리되는 상태를 말하는 것은?

① 콜로이드

② 쿼크

③ 플라즈마

④ 초전도

**19.** 수영장 끝에 다다랐을 경우 물속에서 앞으로 반을 돈 뒤, 벽면을 차고 나가는 턴을 일컫는 말은?

① 플립 턴

② 스핀 턴

③ 오픈 턴

④ 평영 턴

**20.** 다음에서 설명하고 있는 뮤지컬의 제목은 무엇인가?

아바(ABBA)의 음악을 바탕으로 만들어진 뮤지컬로, 지중해를 배경으로 미혼모 도나의 딸인 소피가 자신의 생부를 찾기 위해 어머니 일기장에 기록된 도나의 옛 연인인 세 명의 남자에게 청첩장을 보내는 것으로 시작된다. 그들이 모두 만나면서 회상과 감상에 젖으며 부르는 아바의 히트곡들이 곳곳에 녹아 있다.

① 오페라의 유령

② 맘마미아

③ 레미제라블

④ 그리스

# 광주광역시 공공기관 직원 통합 채용 일반상식

| 성 명 | | | | | |
|---|---|---|---|---|---|
| 성 | | | | | |

| 수 험 번 호 | | | | | | | | |
|---|---|---|---|---|---|---|---|---|
| ⓪ | ⓪ | ⓪ | ⓪ | ⓪ | ⓪ | ⓪ | ⓪ | ⓪ |
| ① | ① | ① | ① | ① | ① | ① | ① | ① |
| ② | ② | ② | ② | ② | ② | ② | ② | ② |
| ③ | ③ | ③ | ③ | ③ | ③ | ③ | ③ | ③ |
| ④ | ④ | ④ | ④ | ④ | ④ | ④ | ④ | ④ |
| ⑤ | ⑤ | ⑤ | ⑤ | ⑤ | ⑤ | ⑤ | ⑤ | ⑤ |
| ⑥ | ⑥ | ⑥ | ⑥ | ⑥ | ⑥ | ⑥ | ⑥ | ⑥ |
| ⑦ | ⑦ | ⑦ | ⑦ | ⑦ | ⑦ | ⑦ | ⑦ | ⑦ |
| ⑧ | ⑧ | ⑧ | ⑧ | ⑧ | ⑧ | ⑧ | ⑧ | ⑧ |
| ⑨ | ⑨ | ⑨ | ⑨ | ⑨ | ⑨ | ⑨ | ⑨ | ⑨ |

| 번호 | 답 | | | | 번호 | 답 | | | |
|---|---|---|---|---|---|---|---|---|---|
| 1 | ① | ② | ③ | ④ | 11 | ① | ② | ③ | ④ |
| 2 | ① | ② | ③ | ④ | 12 | ① | ② | ③ | ④ |
| 3 | ① | ② | ③ | ④ | 13 | ① | ② | ③ | ④ |
| 4 | ① | ② | ③ | ④ | 14 | ① | ② | ③ | ④ |
| 5 | ① | ② | ③ | ④ | 15 | ① | ② | ③ | ④ |
| 6 | ① | ② | ③ | ④ | 16 | ① | ② | ③ | ④ |
| 7 | ① | ② | ③ | ④ | 17 | ① | ② | ③ | ④ |
| 8 | ① | ② | ③ | ④ | 18 | ① | ② | ③ | ④ |
| 9 | ① | ② | ③ | ④ | 19 | ① | ② | ③ | ④ |
| 10 | ① | ② | ③ | ④ | 20 | ① | ② | ③ | ④ |

# 광주광역시 공공기관

# 직원 통합 채용

# 일반상식

## 기출동형 모의고사

| 제 2 회 | 영 역 | 일반상식 |
| --- | --- | --- |
| | 문항수 | 총 20문항 |
| | 시 간 | 20분 |
| | 비 고 | 객관식 4지선다형 |

# 제 2 회  기출동형 모의고사

**1.** 다음 밑줄 친 부분과 같은 의미로 쓰인 것은?

> 달리기를 하는데 고무줄이 끊어져서 체육복 바지가 <u>흘러</u> 버렸다.

① 물은 높은데서 낮은 데로 <u>흐른다</u>.
② 꽃이 만발한 화원에는 봄기운이 완연히 <u>흐르고</u> 있었다.
③ 땀 때문에 안경이 자꾸 <u>흘러서</u> 불편하다.
④ 자루가 새서 쌀이 다 <u>흘러</u> 버렸다.

**2.** 다음 중 제시된 문장의 빈칸에 들어갈 단어로 알맞은 것은?

> • 전국 어디에서나 예금과 (　　)이 가능하다.
> • 아이가 학교에 들어가면서 (　　)이 늘었다.
> • 수출할 물품을 (　　)했다.

① 인출(引出) – 지출(支出) – 반출(搬出)
② 반출(搬出) – 인출(引出) – 지출(支出)
③ 인출(引出) – 반출(搬出) – 지출(支出)
④ 지출(支出) – 인출(引出) – 반출(搬出)

**3.** 다음 주어진 문장이 들어갈 위치로 가장 적절한 곳은?

> 최근 제2금융권을 중심으로 전·월세 보증금과 생활비 마련을 위해 빚으로 빚을 갚는 가계 대출이 늘어난 탓이다.

> 국내 가계부채는 이미 심각한 수준이다. (가) 이달 들어 1,000조 원을 돌파한 것으로 추정된다. (나) 최근 수년째 소득이 훨씬 더 빠른 속도로 늘고 있고, 가계대출 중 금리가 높은 비은행권 대출 비중이 급증하고 있어 대출의 질도 나빠지고 있다. (다) 특히 가계대출의 60%가 주택 관련 대출이고, 이 가운데 70% 이상이 금리 변동에 영향을 받는 변동 금리 대출이다. (라) 이런 상황에서 금리가 오르면 저소득층은 직격탄을 맞게 된다. 정부도 사태의 심각성을 인정해 내년 경제정책에서 가계부채 문제를 우선 해결키로 했다.

① (가)
② (나)
③ (다)
④ (라)

**4.** 다음 글의 논지 전개 방식으로 가장 적절한 것은?

오늘날 단일어로 여겨지는 '두더지'는 본래 두 단어가 결합한 말이다. '두더'는 무엇인가를 찾으려는 샅샅이 들추거나 헤친다는 뜻을 지닌 동사 '두디다'에서 왔으며, '지'는 '쥐'가 변화된 것이다. 따라서 두더지는 '뒤지는 쥐'라는 뜻을 갖는 합성어였다.

'뒤지는 쥐'라고 하면 이해하기 쉽지만 '뒤지쥐'라고 하면 어색하게 느껴진다. 그것은 '뒤지쥐'가 마치 '달리차'라고 하는 것과 같기 때문이다. '뒤지는 쥐'나 '달리는 차'는 국어에서 단어가 둘 이상 결합된 단위인 구를 만드는 방법을 따르고 있으므로 우리에게 자연스럽게 받아들여진다.

구를 만드는 이러한 방법은 합성어를 만드는 데에도 적용된다. 체언과 체언이 결합한 '호후과자', 관형사와 체언이 결합한 '한번', 부사와 용언이 결합한 '잘생기다', 용언의 관형사형과 체언이 결합한 '된장', 체언과 용언이 결합한 '낯설다', 용언의 연결형과 용언이 결합한 '접어들다' 등은 구를 만드는 것과 같은 방법을 따라 만들어진 합성어들로 이를 통사적 합성어라고 한다.

반면에 이런 방법을 따르지 않고 만들어진 합성어들도 있다. 두 개의 용언 어간끼리 결합한 '오르내리다'와 용언 어간에 체언이 직접 결합한 '밑상'이 그 예이다. 또한 '깨끗하다'의 '깨끗'과 같이 독립적인 쓰임을 보이지 않는 어근인 '어둑'에 체언이 결합한 '어둑새벽', 그리고 '귀엣말'과 같이 부사적 조사 '에'와 관형격 조사였던 'ㅅ'의 결합형이 포함된 단어 등도 구를 만드는 방법을 따르지 않는 경우이다. 이러한 합성어를 비통사적 합성어라고 한다.

① 두 대상에 대해 전통적인 관점과 현대적인 관점으로 나누어 설명하고 있다.
② 대상이 가지는 문제점을 비판하고 있다.
③ 두 대상의 공통점과 차이점에 초점을 맞추어 설명하고 있다.
④ 대상의 원리에 대해 자세하게 설명하고 있다.

**5.** 다음 글을 읽고 빈칸에 들어갈 내용으로 가장 알맞은 것은?

사람의 귀는 ＿＿＿＿＿＿＿＿＿＿＿ 하지만 사람의 청각 체계는 두 귀 사이 그리고 각 귀와 머리 측면 사이의 상호 작용에 의한 단서들을 이용하여 음원의 위치를 알아낼 수 있다. 음원의 위치는 소리가 오는 수평·수직 방향과 음원까지의 거리를 이용하여 지각하는데, 그 정확도는 음원의 위치와 종류에 따라 다르며 개인차도 크다. 음원까지의 거리는 목소리 같은 익숙한 소리의 크기와 거리의 상관관계를 이용하여 추정한다.

① 약간 차이가 나는 소리가 들어와서 자기 앞에 공간감을 느낄 수 있다.
② 음원까지의 거리를 익숙한 소리의 크기와 거리의 상관관계를 이용하여 추정한다.
③ 고주파의 경우 소리가 진행하다가 머리에 막혀 왼쪽 귀에 잘 도달하지 않는다.
④ 주파수 분포를 감지하여 음원의 종류를 알아내지만, 음원의 위치를 알아낼 수 있는 직접적인 정보는 감지하지 못한다.

**6.** ㉠에 들어갈 말로 가장 적절한 것은?

우리 삶에서 운이 작용해서 결과가 달라지는 일은 흔하다. 그러나 외적으로 드러나는 행위에 초점을 맞추는 '의무 윤리'든 행위의 기반이 되는 성품에 초점을 맞추는 '덕의 윤리'든, 도덕의 문제를 다루는 철학자들은 도덕적 평가가 운에 따라 달라져서는 안 된다고 생각한다. 이들의 생각처럼 도덕적 평가는 스스로가 통제할 수 있는 것에 대해서만 이루어져야 한다. 왜냐하면 (                   ㉠                   ).

① 운에 따라 누구는 도덕적이게 되고 누구는 아니게 되는 일은 공평하지 않기 때문이다.
② 도덕적 운의 존재를 인정하는 것은 옳지 않기 때문이다.
③ 운이 작용하면 어떠한 문제라도 긍정적인 결과로 변하기 때문이다.
④ 운은 공평하지 않아서, 상식이 통하는 사회가 되어야 하기 때문이다.

**7.** 다음과 같은 역사 연구 방법론에 대한 설명으로 옳은 것은?

역사 연구의 임무는 생활 진전의 일반적인, 인간에 대한 보편적 법칙을 발견하는 데에도 있을 것이나, 또 민족의 구체적인 실상과 그 진전의 정세를 구체적으로 파악하여 역사로서 그것을 구성하는 데에도 있을 것이다. 따라서 그 연구의 도정에서도, 무슨 일반적인 법칙이나 공식만을 미리 가정하여 그것을 어떤 민족의 생활에 견강부회하는 방법을 취하여서는 안 된다.

– 이상백, 「조선문화사 연구 논고」 –

① 일제의 정체성론을 비판하였다.
② 양명학의 사상적 영향을 받았다.
③ 한국 역사학의 방향을 실증사학으로 전환시켰다.
④ 유물사관을 도입하였다.

**8.** 다음 인물의 공통점은?

- 복신
- 도침
- 풍

① 불교 전파
② 삼국통일 주역
③ 백제의 부흥운동 전개
④ 6두품 출신의 유학자

**9.** 통일신라시대에 노동력과 생산 자원을 철저하게 파악하기 위하여 촌주가 3년마다 작성하였던 것은?

① 호적대장
② 토지대장
③ 공물대장
④ 민정문서

**10.** 다음 내용과 관계 깊은 것은?

고구려에서는 국가가 가난한 농민을 구제하기 위한 시책으로서 춘궁기에 곡식을 빌려 주었다가 추수한 뒤에 갚게 하였다.

① 진대법
② 의창
③ 상평창
④ 사창

**11.** 1974년에 발견된 세계 최초의 금속활자본은 어느 것인가?

① 직지심경
② 상정고금예문
③ 다라니경
④ 동국이상국집

**12.** 다음 표어와 관계있는 운동은?

내 살림 내 것으로, 조선 사람 조선 것으로, 우리는 우리 것으로 살자.

① 노동운동
② 농민운동
③ 물산장려운동
④ 위정척사운동

**13.** 정보와 전염병의 합성어로, 정보 확산으로 인한 부작용으로 추측이나 뜬소문이 덧붙여진 부정확한 정보가 인터넷이나 휴대전화를 통해 전염병처럼 빠르게 전파됨으로써 개인의 사생활 침해는 물론 경제, 정치, 안보 등에 치명적인 영향을 미치는 것을 의미하는 용어는?

① 정보전염병
② 네카시즘
③ 인포데믹스
④ 디지털 중독

**14.** 다음 중 '퍼레니얼 세대'가 의미하는 것은?

① 나이에 관계없이 다양한 세대의 특성을 보유한 사람들
② 베이비붐 세대 이후 출생한 X세대와 밀레니얼 세대 사이의 중간 세대
③ 은퇴 후에도 경제 활동을 지속하며 주로 투자와 창업에 관심을 가지는 고령층
④ 특정 세대가 아닌, 특정한 시기에 공통된 문화를 경험한 사람들

**15.** 다음 빈칸에 들어갈 말로 가장 알맞은 것은?

> ( )는 법률적으로 두 가지 수단이 있다. 하나는 최초의 매매 계약을 할 때에 매도인이 ( )할 권리를 유보하고 그 목적물을 ( )할 수 있다고 약속하는 것이고, 다른 하나는 한 번 보통의 매매계약을 체결하고 나서 다시 매도인이 장래의 일정 기간 내에 매수인으로부터 매수할 수 있다고 예약을 하는 것이다.

① 전매(轉買)

② 환매(還買)

③ 판독(判讀)

④ 투기(投機)

**16.** 불확실하고 위험한 상황에서 용기를 내 먼저 도전하는 사람, 또는 사업으로 다른 이들에게 참여의 동기부여를 유발하는 선구자를 의미하는 말은 무엇인가?

① 체리피커

② 코요테 모멘트

③ 퍼스트펭귄

④ 블랙스완

**17.** 다음 빈 칸에 들어갈 알맞은 말로 가장 적절한 것은?

> 1738년 과학자 ( )가 발표한 ( ) 정리는 유체의 흐름이 빠른 곳의 압력은 느린 곳의 압력보다 작아진다는 이론으로 유체의 위치 에너지와 운동에너지의 합이 항상 일정하다는 것을 밝혔다.

① 뉴턴

② 베르누이

③ 샤를

④ 토리첼리

**18.** 지방자치제가 실시되면서 대두된 그 지방의 댐, 쓰레기, 핵처 리장소 등을 거부하는 지역이기주의로 혐오시설이 자기 지역 내에 설치되는 것을 반대하는 현상을 무엇이라 하는가?

① 스프롤 현상

② 님비 현상

③ 아노미 현상

④ 소외 현상

**19.** 1984년 LA올림픽에서 부상하기 시작한 마케팅 기법으로, 올림픽 경기에 공식적으로 후원은 하지 않으나 광고 문구에 올림픽과 관련한 마케팅을 하는 것을 가리키는 용어는?

① 게릴라 마케팅

② 바이럴 마케팅

③ MOT 마케팅

④ 엠부시 마케팅

**20.** 쇠와 피에 의해서 통일을 이뤄낼 수 있다는 철혈정책과 오스트 리아 배척정책을 통해서 독일에 통일을 이뤄낸 정치가는 누구인가?

① 요아힘 가우크

② 빌리 브란트

③ 비스마르크

④ 헬무트 콜

# 광주광역시 공공기관 직원 통합 채용 일반상식

| 번호 | ① | ② | ③ | ④ | 번호 | ① | ② | ③ | ④ |
|------|---|---|---|---|------|---|---|---|---|
| 1 | ① | ② | ③ | ④ | 11 | ① | ② | ③ | ④ |
| 2 | ① | ② | ③ | ④ | 12 | ① | ② | ③ | ④ |
| 3 | ① | ② | ③ | ④ | 13 | ① | ② | ③ | ④ |
| 4 | ① | ② | ③ | ④ | 14 | ① | ② | ③ | ④ |
| 5 | ① | ② | ③ | ④ | 15 | ① | ② | ③ | ④ |
| 6 | ① | ② | ③ | ④ | 16 | ① | ② | ③ | ④ |
| 7 | ① | ② | ③ | ④ | 17 | ① | ② | ③ | ④ |
| 8 | ① | ② | ③ | ④ | 18 | ① | ② | ③ | ④ |
| 9 | ① | ② | ③ | ④ | 19 | ① | ② | ③ | ④ |
| 10 | ① | ② | ③ | ④ | 20 | ① | ② | ③ | ④ |

**성명**

**수험번호**

| ⓪ | ⓪ | ⓪ | ⓪ | ⓪ | ⓪ | ⓪ | ⓪ |
|---|---|---|---|---|---|---|---|
| ① | ① | ① | ① | ① | ① | ① | ① |
| ② | ② | ② | ② | ② | ② | ② | ② |
| ③ | ③ | ③ | ③ | ③ | ③ | ③ | ③ |
| ④ | ④ | ④ | ④ | ④ | ④ | ④ | ④ |
| ⑤ | ⑤ | ⑤ | ⑤ | ⑤ | ⑤ | ⑤ | ⑤ |
| ⑥ | ⑥ | ⑥ | ⑥ | ⑥ | ⑥ | ⑥ | ⑥ |
| ⑦ | ⑦ | ⑦ | ⑦ | ⑦ | ⑦ | ⑦ | ⑦ |
| ⑧ | ⑧ | ⑧ | ⑧ | ⑧ | ⑧ | ⑧ | ⑧ |
| ⑨ | ⑨ | ⑨ | ⑨ | ⑨ | ⑨ | ⑨ | ⑨ |

# 광주광역시 공공기관

# 직원 통합 채용

# 일반상식

## 기출동형 모의고사

| 제 3 회 | 영 역 | 일반상식 |
|---|---|---|
| | 문항수 | 총 20문항 |
| | 시 간 | 20분 |
| | 비 고 | 객관식 4지선다형 |

SEOWONGAK
(주)서원각

# 제3회 기출동형 모의고사

📝 문항수 : 20문항
⏰ 시 간 : 20분

**1.** 다음 중 밑줄 친 부분과 같은 의미로 쓰인 것은?

> 나머지 모두 <u>묻어서</u> 만 원만 주세요.

① 화단에 거름을 <u>묻어</u> 주다.
② 가는 김에 나도 좀 <u>묻어</u> 타자.
③ 소파에 몸을 <u>묻다</u>.
④ 지나가는 사람에게 길을 <u>묻다</u>.

**2.** 다음 중 제시된 문장의 빈칸에 들어갈 단어로 알맞은 것은?

> • 폭설로 우리는 마을로부터 며칠째 (　　)돼 있었다.
> • 공장을 현지에 (　　)하다.
> • 1,207명의 입후보자가 (　　)했다.

① 난립(亂立) - 고립(孤立) - 설립(設立)
② 설립(設立) - 난립(亂立) - 고립(孤立)
③ 설립(設立) - 고립(孤立) - 난립(亂立)
④ 고립(孤立) - 설립(設立) - 난립(亂立)

**3.** 다음 주어진 문장이 들어갈 위치로 가장 적절한 곳은?

> 민간 위탁이란 공익성을 유지하기 위해 서비스의 대상이나 범위에 대한 결정권과 서비스 관리의 책임을 정부가 갖되, 서비스 생산은 민간 업체에게 맡기는 것이다.

과거에는 공공 서비스가 경합성과 배제성이 모두 약한 사회 기반 시설 공급을 중심으로 제공되었다. (개) 이런 경우 서비스 제공에 드는 비용은 주로 세금을 비롯한 공적 재원으로 충당을 한다. (내) 하지만 복지와 같은 개인 단위 공공 서비스에 대한 사회적 요구가 증가함에 따라 관련 공공 서비스의 다양화와 양적 확대가 이루어지고 있다. 이로 인해 정부의 관련 조직이 늘어나고 행정 업무의 전문성 및 효율성이 떨어지는 문제점이 나타나기도 한다. (대) 이 경우 정부는 정부 조직의 규모를 확대하지 않으면서 서비스의 전문성을 강화할 수 있는 민간 위탁 제도를 도입할 수 있다. (라)

① (개)
② (내)
③ (대)
④ (라)

**4.** 다음 글의 전개방식을 사용하는 것을 고르면?

> 바로크 건축양식은 거대한 규모와 기념비적인 건축적 특성을 지니고, 화려한 장식을 적용하여 절대왕권을 표현했다. 반대로 로코코 건축양식은 근대 건축에 이르는 과도기적 과정으로, 개인의 사적 생활 위주의 건축을 중시하여 소규모 공간창출에 주력했다.

① 한국의 미국 투자는 꾸준히 상승했으며, 지난해 기준으로 2011년 이후 가장 높은 수치를 기록했다. 하지만 한국에 대한 미국 투자는 2015년 이후 꾸준히 줄어 문제를 야기하고 있다.
② 자동차 리스와 렌트는 차량 소유권이 본인이 아닌 리스사나 렌터카사의 소유이며, 매월 이용료를 지불하는 점이 동일하다.
③ 초기자본주의는 사유재산, 경제 활동의 자유를 위해 보이지 않는 손에 의해 시장경제체제가 이루어진다고 보았다. 그러나 빈부 격차가 심해짐에 따라 국가가 개입하여 이를 해소하려는 수정자본주의가 등장하여 공공재를 공급하였다.
④ 15세기의 유럽은 무역을 통해서 우수한 동양의 문화와 과학기술이 수입되었고, 18세기 후반에 이르러 약 100년 동안 생산기술의 발달과 그에 따라 사회 조직의 큰 변화를 겪었다.

**5.** 다음 제시된 글에 이어질 내용으로 알맞은 것은?

근대 초기의 합리론은 이성에 의한 확실한 지식만을 중시하여 미적 감수성의 문제를 거의 논외로 하였다. 미적 감수성은 이성과는 달리 어떤 원리도 없는 자의적인 것이어서 '세계의 신비'를 푸는 데 거의 기여하지 못한다고 여겼기 때문이다. 이러한 근대 포기의 합리론에 맞서 칸트는 미적 감수성을 '미감적 판단력'이라 부르면서, 이 또한 어떤 원리에 의거하여 결코 이성에 못지않은 위상과 가치를 지닌다는 주장을 펼친다. 이러한 작업에서 핵심 역할을 하는 것이 그의 취미 판단 이론이다.

① 미적 감수성에 대한 설명
② 공동체적 태도에 대한 설명
③ 실용적 맥락의 필요성에 대한 설명
④ 취미 판단에 대한 설명

**6.** 다음 빈칸에 들어갈 알맞은 단어는?

정부에서도 금연치료사업을 진행하면서 비용을 연간 총 3회까지 ＿＿＿＿하고 있다.

① 거부          ② 난색
③ 오해          ④ 지원

**7.** 다음 내용을 토대로 한국사를 바르게 인식한 것에 해당하지 않는 것은?

한민족은 고대로부터 그 시대 나름의 국제관계를 가지고 개별적인 민족사를 전개해 왔다. 그러므로 한국사의 특수성을 이해하기 위해서는 세계사와 연관, 세계사적 보편성에 대한 관심과 이해가 필요하며 주변 국가와의 연관성도 고찰하여야 한다.

① 신라는 당과 연합하여 삼국통일을 이룩하였다.
② 고조선시대의 유적지에서 명도전이 발견되었다.
③ 광개토대왕은 북위의 왕이 의탁해 오자 제후로 삼았다.
④ 세종대왕은 한글을 창제하여 민족문화의 기반을 확고히 하였다.

**8.** 다음에서 설명하고 있는 직책은 무엇인가?

• 신라 법흥왕 때 처음 설치
• 화백회의 의장
• 신라중대에는 그 세력이 약화됨

① 대대로
② 시중
③ 상좌평
④ 상대등

**9.** 통일신라시대 귀족세력을 억누르고 국가의 토지지배권을 강화하기 위해 지급한 토지는?

| ㉠ 녹읍 | ㉡ 관료전 |
| ㉢ 정전 | ㉣ 식읍 |

① ㉠, ㉢
② ㉠, ㉣
③ ㉡, ㉢
④ ㉢, ㉣

**10.** 다음과 관련된 신분은?

• 신라 중대 : 전제왕권 강화에 기여
• 신라 하대 : 사회의 폐단 시정 노력
• 고려 초기 : 새 사회 건설의 방향 제시

① 성골
② 진골
③ 6두품
④ 5두품

**11.** 다음 내용과 관련이 깊은 불교 종파는?

> • 보조국사 지눌
> • 돈오점수
> • 선종 중심의 교종 통합

① 천태종      ② 조계종

③ 법상종      ④ 화엄종

**12.** 다음과 관련이 있는 단체가 발행한 신문은?

> • 서재필
> • 독립문
> • 만민공동회

① 한성순보      ② 황성신문

③ 독립신문      ④ 대한매일신보

**13.** 해양오염 방지를 위한 국제 협약으로 선박 및 해양시설에서의 오염물질 배출을 규제하는 협약은 무엇인가?

① 런던협약

② 바젤협약

③ 몬트리올의정서

④ 교토의정서

**14.** 병의 좁은 입구로 물이 나올 때 속도가 제한돼 있는것처럼, 소수의 구성 요소로 인해 시스템 전체 기능이 저하되는 현상을 무엇이라고 하는가?

① 병목 현상      ② 빨대 현상

③ 도넛 현상      ④ U턴 현상

**15.** 대한민국 임시정부 제2대 대통령, 독립운동가이자 역사학자 박은식이 '국어와 국사가 살아 있으면 그 나라는 망하지 않는다.'는 신념과 함께 저술한 책은 무엇인가?

① 동사강목

② 백록담

③ 화사집

④ 한국통사

**16.** 다음 중 9m를 나노미터로 바르게 변환한 것은?

① $9 \times 10^{-9}$      ② $9 \times 10^{-7}$

③ $9 \times 10^{-5}$      ④ $9 \times 10^{-3}$

**17.** 브레이크가 고장난 기차가 달리고 있다. 레일 위에는 다섯 명의 인부가 작업을 하고 있었는데, 기차가 이대로 달린다면 인부들은 모두 죽게 될 것이다. 이를 방지하기 위한 한 가지 방법이 있다면 레일 변환기를 사용하여 기차의 방향을 바꾸는 것뿐이다. 만약 레일을 바꾼다면 한 명의 인부만 죽게 된다. 이러한 상황에서 당신에게 어떠한 선택을 할 것인지를 물어보는 심리학 용어는 무엇인가?

① 트롤리 딜레마

② 죄수의 딜레마

③ 고슴도치 딜레마

④ 몬티 홀 딜레마

**18.** 가장 높은 시청률과 청취율을 유지하여 비싼 광고비를 지불해야 하는 방송 시간대를 일컫는 말은?

① 콜 타임

② 프라임 타임

③ 랩 타임

④ 퀵 타임

**19.** 미국 매사추세츠 공과대학(MIT) 미디어랩에서 무료로 제공한 컴퓨터 프로그래밍 도구로 동화, 게임, 애니메이션 등을 만들고 공유할 때 사용하는 것은?

① 자바

② 파이선

③ 스크래치

④ 리눅스

**20.** 다음 상황에 해당하는 용어로 가장 적절한 것은?

A : 이번에 S전자에서 신제품 휴대폰이 나왔어! 출고가가 100만 원이래.

B : 그래? 내 휴대폰은 재작년에 출시된 S전자 휴대폰으로 100만 원이었는데 너무 예쁘고 성능이 좋아!

A : 그 제품은 세제품이 나오면서 50만 원으로 가격이 떨어졌더라.

B : 내 휴대폰도 신제품만큼 멋진데, 처음 샀을 때보다 가격이 많이 떨어졌네.

① 서비타이제이션

② 리엔지니어링

③ 카니발리제이션

④ 서비사이징

# 광주광역시 공공기관 직원 통합 채용 일반상식

| 번호 | ① | ② | ③ | ④ | | 번호 | ① | ② | ③ | ④ |
|---|---|---|---|---|---|---|---|---|---|---|
| 1 | ① | ② | ③ | ④ | | 11 | ① | ② | ③ | ④ |
| 2 | ① | ② | ③ | ④ | | 12 | ① | ② | ③ | ④ |
| 3 | ① | ② | ③ | ④ | | 13 | ① | ② | ③ | ④ |
| 4 | ① | ② | ③ | ④ | | 14 | ① | ② | ③ | ④ |
| 5 | ① | ② | ③ | ④ | | 15 | ① | ② | ③ | ④ |
| 6 | ① | ② | ③ | ④ | | 16 | ① | ② | ③ | ④ |
| 7 | ① | ② | ③ | ④ | | 17 | ① | ② | ③ | ④ |
| 8 | ① | ② | ③ | ④ | | 18 | ① | ② | ③ | ④ |
| 9 | ① | ② | ③ | ④ | | 19 | ① | ② | ③ | ④ |
| 10 | ① | ② | ③ | ④ | | 20 | ① | ② | ③ | ④ |

| 성명 | |
|---|---|

## 수험번호

| | | | | | | | |
|---|---|---|---|---|---|---|---|
| ⓪ | ⓪ | ⓪ | ⓪ | ⓪ | ⓪ | ⓪ | ⓪ |
| ① | ① | ① | ① | ① | ① | ① | ① |
| ② | ② | ② | ② | ② | ② | ② | ② |
| ③ | ③ | ③ | ③ | ③ | ③ | ③ | ③ |
| ④ | ④ | ④ | ④ | ④ | ④ | ④ | ④ |
| ⑤ | ⑤ | ⑤ | ⑤ | ⑤ | ⑤ | ⑤ | ⑤ |
| ⑥ | ⑥ | ⑥ | ⑥ | ⑥ | ⑥ | ⑥ | ⑥ |
| ⑦ | ⑦ | ⑦ | ⑦ | ⑦ | ⑦ | ⑦ | ⑦ |
| ⑧ | ⑧ | ⑧ | ⑧ | ⑧ | ⑧ | ⑧ | ⑧ |
| ⑨ | ⑨ | ⑨ | ⑨ | ⑨ | ⑨ | ⑨ | ⑨ |

서원각

# 광주광역시 공공기관
# 직원 통합 채용
# 일반상식
## 기출동형 모의고사

| 제 4 회 | 영 역 | 일반상식 |
|---|---|---|
| | 문항수 | 총 20문항 |
| | 시 간 | 20분 |
| | 비 고 | 객관식 4지선다형 |

SEOWONGAK
(주)서원각

# 제4회 기출동형 모의고사

**1.** 다음 중 빈칸에 공통으로 들어갈 말로 적절한 것은?

> • 눈보라가 (　　　).
> • 날아오는 공을 (　　　).
> • 칸막이를 (　　　).
> • 자장면에 고춧가루를 (　　　).

① 오다　　　　　　　② 차다

③ 치다　　　　　　　④ 울다

**2.** 다음 문장들을 순서에 맞게 배열한 것은?

> (가) 그러나 오늘날 사정은 동일하지 않다.
> (나) 과거에는 간단한 읽기, 쓰기와 셈하기 능력만 갖추고 있으면 문맹상태를 벗어날 수 있었다.
> (다) 자동차 운전이나 컴퓨터 조작이 바야흐로 새 시대의 '문맹'탈피 조건으로 부상하고 있다.

① (가) – (나) – (다)　　　② (가) – (다) – (나)

③ (나) – (가) – (다)　　　④ (나) – (다) – (가)

**3.** 다음 주어진 문장이 들어갈 위치로 가장 적절한 곳은?

> 그러므로 필수아미노산은 반드시 음식물을 통해 섭취되어야 한다.

> 단백질이 지속적으로 분해됨에도 불구하고 체내 단백질의 총량이 유지되거나 증가할 수 있는 것은 세포 내에서 단백질 합성이 끊임없이 일어나기 때문이다. (가) 단백질 합성에 필요한 아미노산은 세포 내에서 합성되거나, 음식으로 섭취한 단백질로부터 얻거나, 체내 단백질을 분해하는 과정에서 생성된다. (나) 단백질 합성에 필요한 아미노산 중 체내에서 합성할 수 없어 필요량을 스스로 충족할 수 없는 것을 필수아미노산이라고 한다. (다) 어떤 단백질 합성에 필요한 각 필수아미노산의 비율은 정해져 있다. 체내 단백질 분해를 통해 생성되는 필수아미노산도 다시 단백질 합성에 이용되기도 하지만, 부족한 양이 외부로부터 공급되지 않으면 전체의 체내 단백질 합성량이 줄어들게 된다. (라) 다만 성인과 달리 성장기 어린이의 경우, 체내에서 합성할 수는 있으나 그 양이 너무 적어서 음식물로 보충해야 하는 아미노산도 필수아미노산에 포함된다.

① (가)　　　　　　　② (나)

③ (다)　　　　　　　④ (라)

**4.** 다음 글에 대한 이해로 적절하지 않은 것은?

> 물체가 유체 내에 정지해 있을 때와는 달리, 유체 속에서 운동하는 경우에는 물체의 운동에 저항하는 힘인 항력이 발생하는데, 이 힘은 물체의 운동 방향과 반대로 작용한다. 항력은 유체 속에서 운동하는 물체의 속도가 커질수록 이에 상승하여 커진다. 항력은 마찰 항력과 압력 항력의 합이다. 마찰 항력은 유체의 점성 때문에 물체의 표면에 가해지는 항력으로, 유체의 점성이 크거나 물체의 표면적이 클수록 커진다. 압력 항력은 물체가 이동할 때 물체의 전후방에 생기는 압력 차에 의해 생기는 항력으로, 물체의 운동방향에서 바라본 물체의 단면적이 클수록 커진다.

① 물체가 유체 속에서 운동하는 경우에는 항력이 발생한다.

② 항력은 물체의 운동 방향과 반대로 작용한다.

③ 항력은 물체의 속도에 비례하여 커진다.

④ 압력 항력은 물체의 운동 방향에서 바라본 물체의 단면적과 반비례하여 커진다.

**5.** 다음 글의 내용이 순서에 맞게 배열된 것은?

(가) 이러한 개념을 소프트웨어에서도 도입하였다. 즉, 전체 소프트웨어를 최하부 단위(AND, OR, Loop 등)로 표현하기보다 상위의 단위로 구성하고 표현하면 설계, 제작, 유지보수 등이 훨씬 효과적으로 이루어질 수 있다. 멀티미디어의 사용이 증가하고 좀 더 직관적이고 편리한 사용자 인터페이스가 요구됨에 따라 소프트웨어가 갈수록 복잡하고 거대해지고 있다. 따라서 소프트웨어의 제작과 유지보수 등이 얼마나 효율적인가가 소프트웨어 발전의 주용한 관건이 되고 있다.

(나) 자동차를 설계하거나 수리할 때 최하부 단위(예를 들면, 나사, 도선, 코일 등)의 수준에서 할 수도 있지만 그렇게 하면 일이 매우 복잡해지고 제작이나 수리도 어려워진다. 차 내부를 열어 보아도 어디서부터 어디까지가 시동장치인지 변속장치인지 알수가 없게 온통 나사, 도선, 코일 등으로 가득 찬 경우를 상상해 보라.

(다) 실제로 차 내부를 열어 보면 변속기, 시동창치, 냉기기 등으로 확실하게 구분되어 있는 것을 볼 수 있다. 이렇게 구분해주면 시동장치나 냉각기만을 전문으로 제작하는 회사가 생길 수 있고 차의 고장 진단이나 유지보수도 훨씬 쉬워질 것이다. 이처럼 시동장치, 변속기 등과 같은 것들은 나사, 도선, 코일 등과 같은 최하부에 일반적으로 사용되는 부품들과 달리 특정 목적을 수행할 수 있는 의미 있는 구성단위가 된다. 또한 이들 구성단위는 다시 모여서 엔진, 제동시스템과 같은 상위 구성단위의 일부가 될 수도 있다.

① (가) – (나) – (다)

② (나) – (다) – (가)

③ (나) – (가) – (다)

④ (다) – (나) – (가)

**6.** 다음 빈칸에 들어갈 접속사를 바르게 고른 것은?

조선왕조는 백성을 나라의 근본으로 존중하는 민본정치(民本政治)의 이념을 구현하는 데 목표를 두었다. 하지만 건국 초기 조선왕조의 최우선적인 관심은 역시 왕권의 강화였다. 조선왕조는 고려시대에 왕권을 제약하고 있던 2품 이상 재상들의 합의기관인 도평의사사를 폐지하고, 대간들이 가지고 있던 모든 관리에 대한 임명동의권인 서경권을 약화시켜 5품 이하 관리의 임명에만 동의권을 갖도록 제한하였다. 이는 고려 말기 약화되었던 왕권을 강화하기 위한 조치였다.

( ㉠ ) 조선의 이러한 왕권 강화 정책은 공권 강화에 집중되어 이루어졌다. 국왕은 관념적으로는 무제한의 권력을 갖지만 실제로는 인사권과 반역자를 다스리는 권한만을 행사할 수 있었다. 이는 권력 분산과 권력 견제를 위한 군신공치(君臣共治)의 이념에 기반한 결과라 할 수 있다. 국왕은 오늘날의 국무회의에 해당하는 어전회의를 열어 국사(國事)를 논의하였다. 어전회의는 매일 국왕이 편전에 나아가 의정부, 6조 그리고 국왕을 측근에서 보필하는 시종신(侍從臣)인 홍문관, 사간원, 사헌부, 예문관, 승정원 대신들과 만나 토의하고 정책을 결정하는 상참(常參), 매일 5명 이내의 6품 이상 문관과 4품 이상 무관을 관청별로 교대로 만나 정사를 논의하는 윤대(輪對), ( ㉡ ) 매달 여섯 차례 의정부 의정, 사간원, 사헌부, 홍문관의 고급관원과 전직대신들을 만나 정책 건의를 듣는 차대(次對) 등 여러 종류가 있었다.

국왕을 제외한 최고의 권력기관은 의정부였다. 이는 중국에 없는 조선 독자의 관청으로서 여기에는 정1품의 영의정, 좌의정, 우의정 등 세 정승이 있고, 그 밑에 종1품의 좌찬성과 우찬성 그리고 정2품의 좌참찬과 우참찬 등 7명의 재상이 있었다.

의정부 밑에 행정집행기관으로 정2품의 관청인 6조를 소속시켜 의정부가 모든 관원과 행정을 총괄하는 형식을 취했다. 6조(이·호·예·병·형·공조)에는 장관인 판서(정2품)를 비롯하여 참판(종2품), 참의(정3품), 정랑(정5품), 좌랑(정6품) 등의 관원이 있었다. 의정부 다음으로 위상이 높은 것은 종1품 관청인 의금부였는데, 의금부는 왕명에 의해서만 반역 죄인을 심문할 수 있어서 왕권을 유지하는 중요한 권력기구였다.

| | ㉠ | ㉡ |
|---|---|---|
| ① | 그러나 | 그리고 |
| ② | 그런데 | 그래서 |
| ③ | 그래서 | 그리고 |
| ④ | 게다가 | 그래도 |

**7.** 다음 중 고조선에 대한 설명으로 가장 타당한 것은?

① 고조선은 신석기문화를 기반으로 성립하였다.

② 단군이란 고조선 군영의 칭호로서 정치적 권위뿐만 아니라 종교적 권위도 아울러 가졌다.

③ 사회계층이 분화되지 못하여 노비는 존재하지 않았다.

④ 위만조선은 중국과 적대관계로 일관했던 만큼 문화적 독자성을 유지할 수 있었다.

**8.** 고려의 대몽항쟁에 대한 설명으로 옳지 않은 것은?

① 고려는 몽고와 연합관계를 한 번도 맺은 적이 없었다.

② 최씨 정권은 수도를 개경에서 강화도로 천도하였다.

③ 고려는 몽고의 침입으로 황룡사 9층탑이 불타는 등 많은 피해를 입었다.

④ 삼별초는 강화도에서 진도, 제주도로 옮기며 대몽항쟁을 하였다.

**9.** 고려시대 대외무역의 발달로 가장 번성했던 항구는?

① 울산

② 당항성

③ 부산포

④ 벽란도

**10.** 고려시대의 신분구조에서 농민, 상인, 수공업자는 어느 신분에 해당하는가?

① 귀족

② 중류층

③ 양인

④ 천민

**11.** 몽고 침입 때 부처의 힘으로 국난을 극복하고자 만든 것은?

① 다라니경      ② 직지심경

③ 팔만대장경      ④ 초조대장경

**12.** 다음 내용과 관련이 깊은 정부는?

- 유신체제
- 5·16군사정변
- 공업화의 급속한 추진
- 강력한 대통령중심제

① 박정희 정부      ② 이승만 정부

③ 노태우 정부      ④ 전두환 정부

**13.** 2021년 1월 21일 김진욱 초대 처장의 취임과 함께 공식 출범한 고위공직자 및 그 가족의 비리를 중점적으로 수사·기소하는 독립기관을 의미하는 말은?

① 지급지시전달처

② 패스트 트랙

③ 검경 수사권 조정처

④ 고위공직자범죄수사처

**14.** '선을 끊는다'는 의미로 기존에 가입된 지상파나 케이블 등의 유료 방송을 해지한 시청자들이 OTT(Over – The – Top), 인터넷 TV와 같이 온라인 스트리밍 서비스 등의 새로운 플랫폼으로 이동하는 현상을 무엇이라고 하는가?

① 코드커팅

② 커스컴

③ 매스컴

④ 소셜 미디어

**15.** 다음에서 설명하고 있는 것은 무엇인가?

> 이것이 선언되면 베이스에 있던 주자 모두 다음 베이스로 자동 진루할 수 있다.
> 첫째, 투수가 투구와 관련된 동작을 일으킨 다음 그 투구를 중지했을 경우
> 둘째, 투수가 1루에 송구하는 흉내만 내고 실제로 송구하지 않았을 경우
> 셋째, 투수가 베이스에 송구하기 전 베이스가 있는 방향으로 발을 똑바로 내딛지 않았을 경우
> 넷째, 투수가 불필요하게 경기를 지연시켰을 경우 등

① 보크
② 번트
③ 리터치
④ 배터리

**16.** 부모와 결혼한 자식의 가족이 한집에 동거하지만 각기 독립적으로 생활하는 것을 가리키는 말은?

① 핵가족
② 수정핵가족
③ 프렌디
④ 헬리콥터 부모

**17.** '애빌린의 역설'에 대한 설명으로 옳은 것은?

① 집단 내 구성원들 모두가 자신이 원하지 않는 쪽의 결정에 동의하는 현상
② 실제로 일어날 가능성이 없는 일에 대해 수시로 생각하며 걱정하는 현상
③ 약을 올바로 처방했는데도 환자가 의심을 품어 약효가 나타나지 않는 현상
④ 사회적으로 존경받는 지위의 사람이 가면이 벗겨질지 모른다는 망상으로 괴로워하는 현상

**18.** 기업이 증권시장에 주식 상장을 하기 위해 하는 기업공개를 의미하는 용어로, 기업의 자사 주식과 경영 내역 등을 시장에 알리는 것을 뜻하는 것은?

① IB
② IPO
③ ROE
④ PER

**19.** 증권시장에 상장된 기업의 전체적 주가를 기준 시점과 비교하여 나타내는 지표를 무엇이라 하는가?

① 코스닥지수
② 코스피지수
③ 다우지수
④ 코스피200

**20.** 광고 카피라이팅 룰인 5I의 법칙에 해당하지 않는 것은?

① Impulsion
② Idea
③ Immediate Impact
④ Innocent Interest

# 광주광역시 공공기관 직원 통합 채용 일반상식

| 번호 | ① | ② | ③ | ④ | | 번호 | ① | ② | ③ | ④ |
|---|---|---|---|---|---|---|---|---|---|---|
| 1 | ① | ② | ③ | ④ | | 11 | ① | ② | ③ | ④ |
| 2 | ① | ② | ③ | ④ | | 12 | ① | ② | ③ | ④ |
| 3 | ① | ② | ③ | ④ | | 13 | ① | ② | ③ | ④ |
| 4 | ① | ② | ③ | ④ | | 14 | ① | ② | ③ | ④ |
| 5 | ① | ② | ③ | ④ | | 15 | ① | ② | ③ | ④ |
| 6 | ① | ② | ③ | ④ | | 16 | ① | ② | ③ | ④ |
| 7 | ① | ② | ③ | ④ | | 17 | ① | ② | ③ | ④ |
| 8 | ① | ② | ③ | ④ | | 18 | ① | ② | ③ | ④ |
| 9 | ① | ② | ③ | ④ | | 19 | ① | ② | ③ | ④ |
| 10 | ① | ② | ③ | ④ | | 20 | ① | ② | ③ | ④ |

| 명 | 성 |
|---|---|
| | |

| 수험번호 | | | | | | | | |
|---|---|---|---|---|---|---|---|---|
| ⓪ | ⓪ | ⓪ | ⓪ | ⓪ | ⓪ | ⓪ | ⓪ | |
| ① | ① | ① | ① | ① | ① | ① | ① | |
| ② | ② | ② | ② | ② | ② | ② | ② | |
| ③ | ③ | ③ | ③ | ③ | ③ | ③ | ③ | |
| ④ | ④ | ④ | ④ | ④ | ④ | ④ | ④ | |
| ⑤ | ⑤ | ⑤ | ⑤ | ⑤ | ⑤ | ⑤ | ⑤ | |
| ⑥ | ⑥ | ⑥ | ⑥ | ⑥ | ⑥ | ⑥ | ⑥ | |
| ⑦ | ⑦ | ⑦ | ⑦ | ⑦ | ⑦ | ⑦ | ⑦ | |
| ⑧ | ⑧ | ⑧ | ⑧ | ⑧ | ⑧ | ⑧ | ⑧ | |
| ⑨ | ⑨ | ⑨ | ⑨ | ⑨ | ⑨ | ⑨ | ⑨ | |

# 광주광역시 공공기관

## 직원 통합 채용

## 일반상식

### 기출동형 모의고사

| 제 5 회 | 영 역 | 일반상식 |
| --- | --- | --- |
| | 문항수 | 총 20문항 |
| | 시 간 | 20분 |
| | 비 고 | 객관식 4지선다형 |

SEOWONGAK
(주)서원각

# 제5회 기출동형 모의고사

**1.** 다음 중 빈칸에 공통으로 들어갈 말로 적절한 것은?

| | |
|---|---|
| • 비행기에 ( ). | • 장작이 ( ). |
| • 월급을 ( ). | • 커피를 ( ). |

① 웃다　　　　　　　　② 앉다

③ 만들다　　　　　　　④ 타다

**2.** 다음 문장들을 순서에 맞게 배열한 것은?

(가) 그렇다면 기업들은 왜 다각화를 하는 것일까?

(나) 기업이 다각화를 하는 이유에 대해서는 여러 가지 설명들이 제시되었는데 크게 보자면 주주들과 경영자들의 이익에서 그 이유를 찾는 설명들로 설명할 수 있다.

(다) 우리는 흔히 한 기업이 무분별하게 다각화를 많이 전개하는 경우를 문어발식 확장이라고 비난한다.

① (가) – (나) – (다)　　　② (가) – (다) – (나)

③ (나) – (가) – (다)　　　④ (다) – (가) – (나)

**3.** 다음 글을 읽고 빈칸에 들어갈 내용으로 가장 알맞은 것은?

만화는 물리적 시간의 부재를 공간의 유연함으로 극복한다. 영화 화면의 테두리인 프레임과 달리, 만화의 칸은 그 크기와 모양이 다양하다. 또한 만화에는 한 칸 내부에 그림 뿐 아니라, 말풍선과 인물의 심리나 작중 상황을 드러내는 언어적 · 비언어적 정보를 모두 담을 수 있는 자유로움이 있다. 그리고 그것이 독자의 읽기 시간에 변화를 주게 된다. 하지만 _____

① 영화에서는 작가의 개인적인 해석을 드러내게 된다.

② 영화에서는 실재하지 않는 대상이나 장소도 만들어낸다.

③ 영화에서는 이미지를 영사하는 속도가 일정하여 감상의 속도가 강제된다.

④ 영화에서는 정지된 이미지에서 상상을 통해 움직임을 끌어낸다.

**4.** 다음 글에 대한 이해로 적절하지 않은 것은?

탄수화물은 사람을 비롯한 동물이 생존하는 데 필수적인 에너지원이다. 탄수화물은 섬유소와 비섬유소로 구분된다. 사람은 체내에서 합성한 효소를 이용하여 곡류의 녹말과 같은 비섬유소를 포도당으로 분해하고 이를 소장에서 흡수하여 에너지원으로 이용한다. 반면, 사람은 풀이나 채소의 주성분인 셀룰로오스와 같은 섬유소를 포도당으로 분해하는 효소를 합성하지 못하므로, 섬유소를 소장에서 이용하지 못한다. 소, 양, 사슴과 같은 반추 동물도 섬유소를 분해하는 효소를 합성하지 못하는 것은 마찬가지이지만, 비섬유소와 섬유소를 모두 에너지원으로 이용하며 살아간다.

위가 넷으로 나누어진 반추 동물의 첫째 위인 반추위에는 여러 종류의 미생물이 서식하고 있다. 반추 동물의 반추위에는 산소가 없는데, 이 환경에서 왕성하게 생장하는 반추위 미생물들은 다양한 생리적 특성을 가지고 있다. 그 중 피브로박터숙시노젠은 섬유소를 분해하는 대표적인 미생물이다. 식물체에서 셀룰로오스는 그것을 둘러싼 다른 물질과 복잡하게 얽혀 있는데, 피브로박터숙시노젠이 가진 효소 복합체는 이 구조를 끊어 셀룰로오스를 노출시킨 후 이를 포도당으로 분해한다. 피브로박터숙시노젠은 이 포도당을 자신의 세포 내에서 대사 과정을 거쳐 에너지원으로 이용하여 생존을 유지하고 개체 수를 늘임으로써 생장한다. 이런 대사 과정에서 아세트산, 숙신산 등이 대사산물로 발생하고 이를 자신의 세포 외부로 배출한다. 반추위에서 미생물들이 생성한 아세트산은 반추 동물의 세포로 직접 흡수되어 생존에 필요한 에너지를 생성하는 데 주로 이용되고 체지방을 합성하는 데에도 쓰인다.

① 탄수화물은 동물이 생존하는 데 필수적인 에너지원이다.

② 사람은 셀룰로오스와 같은 섬유소를 포도당으로 분해하는 효소를 합성하지 못한다.

③ 반추위 미생물들은 다양한 생리적 특성을 가지고 있다.

④ 피브로박터숙시노젠은 포도당을 에너지원으로 이용하여 개체수를 줄임으로써 생장한다.

## 5. 다음 글의 내용이 순서에 맞게 배열된 것은?

(가) 정격선법과 짝을 이루는 변격선법의 이름은 정격선법 이름에 '히포'라는 접두어를 붙여 부른다. 예를 들면 도리아선법의 변격선법은 히포도리아선법이 된다. 각 변격선법은 상응하는 정격선법과 같은 종지음을 갖지만 그 음역은 종지음으로부터 아래로는 4도, 위로는 5도까지 펼쳐져 있다.

(나) 서양음악의 기보는 오선지 위에 음표를 기재하는 방식으로 이루어진다. 오선지 상에서 동일한 음 간의 간격을 1도, 바로 인접한 음과의 간격을 2도라 하고 8도 떨어진 음은 '옥타브 위의 음'이라고 한다.

(다) 중세시대 성가들은 8개의 교회선법을 기초로 만들어졌다. 그 8개의 선법은 4개의 '정격선법'과 이와 짝을 이루는 4개의 '변격선법'으로 이루어져 있다. 4개의 정격선법에는 도리아, 프리지아, 리디아, 믹소리디아가 있고, 이들 선법은 서로 다른 하나의 '종지음'을 갖고 있다. '종지음'이라는 명칭의 유래는 어느 한 선법을 기초로 만들어진 성가는 반드시 그 선법의 종지음으로 끝난다는 특징에서 기인한다. 도리아-프리지아-리디아-믹소리디아 선법은 도리아 선법의 종지음인 '레'음에서 2도씩 순차적으로 높아지는 음을 종지음으로 갖는다. 각 정격선법은 그 종지음으로부터 옥타브 위까지의 8개 음으로 이루어지며, 이 8개의 음을 '음역이라 한다.

(라) 교회선법에는 종지음 외에 특별히 강조되는 음이 하나 더 있는데 이 음을 '중심음'이라고 한다. 원칙적으로는 정격선법의 중심음은 종지음으로부터 5도 위의 음이다. 다만 프리지아 선법에서처럼 종지음으로부터 5도 위의 음이 '시'음이 될 때에는 그 위의 '도'음이 중심음이 된다. 변격선법에서는 짝을 이루는 정격선법의 중심음으로부터 3도 아래의 음이 그 변격선법의 중심음이 되는데, 역시 이때도 3도 아래의 음이 '시'음일 경우는 바로 위의 '도'음이 중심음이 된다.

① (가) – (나) – (다) – (라)    ② (가) – (다) – (라) – (나)

③ (나) – (다) – (라) – (가)    ④ (나) – (다) – (가) – (라)

## 6. 다음 중 밑줄 친 단어를 교체할 수 있는 것은?

의사소통의 장애가 시민들의 낮은 정보해석능력 때문에 발생하고 그 결과 시민들의 정치 참여가 저조하다고 생각할 수 있다. 즉 정보해석능력이 향상되지 않으면 시민들의 정치 참여가 증가하지 않는다는 것이다. 다른 한편으로 정보해석능력이 향상되면 시민들의 정치 참여가 증가한다는 사실에는 의심이 여지가 없다. 그렇다면 정보해석능력과 시민들의 정치 참여는 양의 상관관계를 갖게 될 것이다. 그러나 지금까지의 연구에 따르면 정보해석능력과 정치 참여가 그런 상관관계를 갖고 있다는 증거를 발견하기 힘들다. 그 이유를 살펴보자. 먼저 교육 수준이 높을수록 시민들의 정보해석능력이 향상된다. 예를 들어 대학교육에서는 다양한 전문적 정보와 지식을 이해하고 구사하는 훈련을 시켜주기 때문에 대학교육의 확대가 시민들의 정보해석능력의 향상을 가져다준다. 그런데 선거에 관한 국내외 연구를 보면, 시민들의 교육수준이 높아지지만 정치 참여는 증가하지 않는다는 것을 보여주는 경우들이 있다. 미국의 경우 2차 대전 이후 교육 수준이 지속적으로 향상되어 왔지만 투표율은 거의 높아지지 않았다. 우리나라에서도 지난 30여 년 동안 국민들의 평균 교육 <u>수준</u>은 매우 빠르게 향상되어 왔지만 투표율이 높아지지는 않았으며, 평균 교육 수준이 도시보다 낮은 농촌지역의 투표율이 오히려 높았다.

① 기량

② 시초

③ 단서

④ 정도

## 7. 다음 내용과 관련이 있는 나라는?

㉠ 가축의 이름을 딴 관직명
㉡ '영고'라는 제천행사 개최
㉢ 만주 송화강 유역의 평야지대

① 동예        ② 부여

③ 옥저        ④ 고구려

**8.** 고려시대의 행정기관과 그 역할이 바르게 연결된 것은?

① 중추원 – 군사기밀, 왕명출납

② 삼사 – 국정 전반에 걸친 중요사항 결정

③ 어사대 – 화폐와 곡식 출납, 회계

④ 도병마사 – 풍속의 교정, 관리의 비리 감찰

**9.** 다음 중 고려시대에 확립된 영농기술을 골라 묶은 것은?

> ㉠ 모내기법
> ㉡ 2모작
> ㉢ 2년 3작의 윤작법
> ㉣ 우경에 의한 깊이갈이

① ㉠, ㉡                        ② ㉠, ㉣

③ ㉡, ㉢                        ④ ㉢, ㉣

**10.** 다음의 사회시설기관의 기능은?

> • 의창
> • 제위보
> • 구제도감
> • 구급도감

① 빈민구제                    ② 고리대업

③ 의료기관                    ④ 물가조절

**11.** 다음에서 말하는 고려 후기의 사서는?

> • 불교사를 중심으로 고대의 설화나 야사를 수록
> • 단군을 민족의 시조로 보는 자주의식을 나타냄

① 삼국유사

② 동명왕편

③ 삼국사기

④ 7대실록

**12.** 다음 내용과 관련이 있는 조약은?

> • 통감부 설치
> • 외교권 박탈
> • 장지연의 시일야방성대곡(是日也放聲大哭)

① 텐진조약

② 을사조약

③ 간도협약

④ 제물포조약

**13.** 특정 지역의 기존 거주자나 임차인들이 지역이 활성화되고 변화함에 따라 가치가 상승하면서 내몰리는 현상을 무엇이라고 하는가?

① 리디노미네이션

② 머천다이징

③ 젠트리피케이션

④ 하우스 푸어

**14.** 경기침체와 물가 상승이 동시에 발생하고 있는 상태를 나태내는 용어는?

① 스태그플레이션

② 택스플레이션

③ 디플레이션

④ 디스인플레이션

**15.** 다음 중 그 연결이 바르지 못한 것은?

① 밀레 – 이삭줍기

② 하이든 – 놀람교향곡

③ 피카소 – 이비뇽의 처녀들

④ 오라토리오 – 천지창조

**16.** 다음에서 설명하는 '이 곡'은 무엇인가?

> 방탄소년단(BTS)의 멤버, 슈가의 음반이 미국 빌보드 앨범 차트에 올랐다. 한국의 솔로 가수 앨범으로는 최고의 기록이며, 사극을 닮은 뮤직비디오와 우리 고유의 음악을 활용한 멜로디에 세계의 관심이 집중되었다. '이 곡'은 조선시대 공식적인 행차에 따르는 행진 음악이다.

① 대취타(大吹打)
② 여민락(與民樂)
③ 수제천(壽齊天)
④ 종묘제례악(宗廟祭禮樂)

**17.** 무한책임사원 2인 이상으로만 구성되는 일원적 조직의 회사는?
① 합명회사
② 합자회사
③ 지주회사
④ 유한회사

**18.** 신문광고 요금을 이론적으로 비교하는 단위를 나타내는 척도로 신문매체의 광고가치를 발행한 부수와 비용 측면에서 경제적으로 평가할 때 이용하는 것을 일컫는 용어는?
① 프레임 레이트
② 비트 레이트
③ 타임 레이트
④ 밀라인 레이트

**19.** 다음 ㉠과 ㉡에 해당하는 알맞은 단어를 바르게 연결한 것은?

> ㉠은 ㉡은 온도의 눈금 간격은 동일하다. ㉠은 물의 어는점이 0도이나 ㉡은 273.15K이고 끓는점도 ㉠은 100도이지만 ㉡은 273.15K이다. ㉠은 물의 특이성을 이용하여 온도를 측정하는 반면 ㉡은 물질의 특이성에 의존하지 않는 특징이 있다.

| | ㉠ | ㉡ |
|---|---|---|
| ① | 섭씨온도 | 절대온도 |
| ② | 절대온도 | 화씨온도 |
| ③ | 화씨온도 | 절대온도 |
| ④ | 섭씨온도 | 임계온도 |

**20.** 다음에서 설명하는 주거 형태는 무엇인가?

> 1970년대 덴마크에서 처음 시작되었다.
> 개인 주거공간과 함께 공동체 생활까지 하는 공동체 시설을 갖추고 있는 협동 주거 형태이다.

① 셰어하우스
② 타운하우스
③ 코하우징
④ 펜트하우스

# 광주광역시 공공기관 직원 통합 채용 일반상식

| | ① | ② | ③ | ④ | | | ① | ② | ③ | ④ |
|---|---|---|---|---|---|---|---|---|---|---|
| 1 | ① | ② | ③ | ④ | | 11 | ① | ② | ③ | ④ |
| 2 | ① | ② | ③ | ④ | | 12 | ① | ② | ③ | ④ |
| 3 | ① | ② | ③ | ④ | | 13 | ① | ② | ③ | ④ |
| 4 | ① | ② | ③ | ④ | | 14 | ① | ② | ③ | ④ |
| 5 | ① | ② | ③ | ④ | | 15 | ① | ② | ③ | ④ |
| 6 | ① | ② | ③ | ④ | | 16 | ① | ② | ③ | ④ |
| 7 | ① | ② | ③ | ④ | | 17 | ① | ② | ③ | ④ |
| 8 | ① | ② | ③ | ④ | | 18 | ① | ② | ③ | ④ |
| 9 | ① | ② | ③ | ④ | | 19 | ① | ② | ③ | ④ |
| 10 | ① | ② | ③ | ④ | | 20 | ① | ② | ③ | ④ |

| 성명 | | 수험번호 | | | | | | | | |
|---|---|---|---|---|---|---|---|---|---|---|
| | | ⓪ | ⓪ | ⓪ | ⓪ | ⓪ | ⓪ | ⓪ | ⓪ | |
| | | ① | ① | ① | ① | ① | ① | ① | ① | |
| | | ② | ② | ② | ② | ② | ② | ② | ② | |
| 성명 | | ③ | ③ | ③ | ③ | ③ | ③ | ③ | ③ | |
| | | ④ | ④ | ④ | ④ | ④ | ④ | ④ | ④ | |
| | | ⑤ | ⑤ | ⑤ | ⑤ | ⑤ | ⑤ | ⑤ | ⑤ | |
| | | ⑥ | ⑥ | ⑥ | ⑥ | ⑥ | ⑥ | ⑥ | ⑥ | |
| | | ⑦ | ⑦ | ⑦ | ⑦ | ⑦ | ⑦ | ⑦ | ⑦ | |
| | | ⑧ | ⑧ | ⑧ | ⑧ | ⑧ | ⑧ | ⑧ | ⑧ | |
| | | ⑨ | ⑨ | ⑨ | ⑨ | ⑨ | ⑨ | ⑨ | ⑨ | |

# 광주광역시 공공기관

# 직원 통합 채용

# 일반상식

# 정답 및 해설

**SEOWONGAK**

(주)서원각

# 제1회 정답 및 해설

**1** ③

ⓐ와 ⓑ는 반의어 관계이다. 따라서 정답은 ③이다.

**2** ①

① 관심이나 눈길 따위가 쏠리다.

② 일정한 목적을 가진 모임에 참석하기 위하여 이동하다.

③ 동력원으로 하여 작동하다.

④ 건강에 해가 되다.

**3** ②

• 관직에 오르다(=신분을 얻다).

• 산에 오르다(=위쪽으로 움직여 가다).

• 비행기에 오르다(=탈것에 타다).

• 이민 길에 오르다(=길을 떠나다).

**4** ①

개발을 곡선에서 직선으로 피는 것으로 비유한 ㈎, 그 결과인 문제점 ㈏, 해결책 ㈐의 순서로 이어지는 것이 가장 적절하다.

**5** ④

빈칸 뒤의 내용은 전자와 후자를 대조하여 설명하고 있으므로 빈칸은 이를 종합해줄 주제문이 와야 한다.

**6** ①

본래 보험가입의 목적은 금전적 이득을 취하는 데 있는 것이 아니라 장래의 경제적 손실을 보상받는 데 있다.

**7** ①

제시된 글은 역사가의 주관적 입장을 강조하는 '기록으로서의 역사'에 대한 관점이다.

①은 객관적 사실로서의 역사를 강조하는 랑케의 사관이다.

**8** ②

② 평양천도는 장수왕 때의 사실이다.

※ 광개토대왕의 업적

ㄱ 영락이라는 연호를 사용하였다.

ㄴ 만주지방에 대한 대규모정복사업을 실시하였다.

ㄷ 백제를 한강 이남까지 축출하였다.

ㄹ 신라에 침입한 왜를 격퇴하여 한반도 남부까지 영향력을 미쳤다.

ㅁ 대제국 건설의 기초를 마련한 시기이다.

**9** ①

① 통일신라시대에 정남(16~60세)에게 지급된 토지인 정전(丁田)에 대한 내용이다. 이것은 신문왕 때에 녹읍을 폐지함으로써 귀족세력을 억압한 뒤에 실시된 토지급여이므로 촌주와 같은 중간 지배자의 세력을 막아 국가의 농민에 대한 일원적인 통치가 가능해졌다.

**10** ①

제시된 내용은 6세기 신라 진흥왕 때에 원광법사가 화랑에게 내린 '세속오계'에 관한 것이다. 화랑은 신라의 대표적인 무사집단으로 그 구성원은 귀족에서 평민에 이르기까지 다양했기 때문에 계급 간의 갈등을 조정하는 역할을 담당하였다. 또한 풍류도를 조화시켜 산천을 주유하며 심신연마와 무예연마를 하여 진흥왕의 영토확장에 결정적인 기여를 하였고 이후 신라의 삼국통일의 중요한 기반이 되었다.

④ 유학은 조선시대에 와서야 종교적 · 정치적으로 활성화되었다.

**11** ①

무령왕릉은 중국 남조의 영향을 받은 웅진시대의 벽돌무덤이다. 도굴당하지 않은 상태로 발굴되어 여러 가지 부장품이 출토되었으며, 백제 미술의 귀족적인 특성을 알수 있는 대표적인 무덤이다.

**12** ②

1927년 민족유일당운동에 의하여 민족주의 진영과 사회주의 진영이 이념을 초월하여 단일화된 민족운동을 추진하기 위해 결성되었다. 민족의 단결과 정치적 · 경제적각성을 촉구하고 기회주의자를 배격하는 것을 기본강령으로 내세웠으며, 광주학생항일운동을 지원 · 조사단을 파견하고, 전국순회강연과 민족운동을 전개하였다.

**13** ③

**기본소득** … 재산 · 노동의 유무와 상관없이 모든 국민에게 개별적으로 무조건 지급하는 소득으로, 국민 모두에게 조건 없이 빈곤선 이상으로 살기에 충분한 월간 생계비를 지급하는 것이다. 중앙정부 차원에서는 핀란드가 전 세계최초로 2017년 1월부터 2년간 시행한 바 있다.

기본소득이란 국가가 국민들에게 최소한의 인간다운 삶을 누리도록 조건 없이, 즉 노동 없이 지급하는 소득을 말한다. 즉, 재산의 많고 적음이나 근로 여부에 관계없이모든 사회구성원에게 생활을 충분히 보장하는 수준의 소득을 무조건적으로 지급하는 것으로 무조건성 · 보편성 · 개별성을 특징으로 한다. 이는 토머스 모어의 소설 「유토피아」에서 처음 등장한 개념으로, 한 사회의 가치의총합은 구성원들이 함께 누려야 한다는 데서 시작되었다. 기본소득의 재원은 투기 소득에 대한 중과세, 소득세 최고세율 인상, 법인세 인상, 토지세, 다국적 기업 공조 과세등으로 마련하는 방안이 검토되고 있다. 기본소득을 도입할 경우 소득 불균형 · 내수 침체 · 일자리 감소 등을 완화할 수 있으나 재원 마련 등의 현실 가능성이 떨어지고 오히려 기존 복지체제를 위협할 수 있다는 우려와 포퓰리즘논란이 있다. 즉, 복지에 비판적인 측으로부터는 극단적사례로 일컬어지지만, 일부 국가에서는 기존 복지제도의문제점을 보완하는 새로운 대안으로 부상하고 있다.

**14** ②

짧은 영상 콘텐츠에 중독되어 현실에 대해서는 둔감하게반응하는 뇌구조를 의미한다. 뇌에서 생각을 담당하는 회백질이 줄어들어 팝콘처럼 튀어오르는 것처럼 즉각적인자극에만 뇌가 반응을 하며, 현실에서의 독서나 장시간집중이 필요한 작업 등에는 흥미를 느끼지 못하는 현상이다.

**15** ④

① **미투 운동** : 성폭행이나 성희롱을 여론의 힘을 결집하여 사회적으로 고발하는 것으로, 미국에서 시작되었다. 2017년 10월 할리우드 유명 영화제작자인 하비와인스틴의 성추문을 폭로하고 비난하기 위해 소셜미디어에 해시태그(#MeToo)를 다는 것으로 대중화되었다. 직장 및 사업체 내의 성폭행 및 성희롱을 SNS를 통해 입증하며 보편화되었다

② 아이스버킷챌린지 : 근위축성측삭경화증(ALS · 루게릭병) 환자를 돕기 위한 릴레이 기부 캠페인으로, 2014년 시작돼 전 세계에 확산된 바 있다. 이는 참가를 원하는 사람이 얼음물을 뒤집어쓰는 동영상을 SNS에 올린 뒤 다음 도전자 세 명을 지목해 릴레이로 기부를 이어가는 방식으로 진행됐다.

③ 스테이 스트롱 : 코로나19 극복과 조기 종식을 응원하는 캠페인으로, 코로나19 극복 메시지가 적힌 팻말을 든 사진을 사회관계망서비스(SNS)에 올리고 다음 참여자 세 명을 지목하는 방식으로 이뤄진다.

## 16  ③

그린러시는 19세기 금광이 발견된 지역에서 몰려드는 현상을 나타내는 단어인 골드러시에서 나온 단어이다.
금광으로 한몫 챙기기 위해 사람들이 갑자기 몰려든 것을 골드러시, 녹색성장 관련 산업으로 사람과 돈이 몰려드는 것이 그린러시이다.
① 골드러시에 대한 설명이다.
② 골드칼라에 대한 설명이다.
④ 그린오션에 대한 설명이다.

## 17  ④

① 무식한 사람이라도 유식한 사람과 같이 있으면 다소 유식해짐
② 쇠뿔의 양쪽이 서로 길이나 크기가 같다. 서로 비슷비슷한 위세
③ 붉은 입술과 하얀 이. 아름다운 여자를 비유

## 18  ③

③ 플라즈마란 초고온에서 음전하를 가진 전자와 양전하를 띤 이온으로 분리된 기체 상태를 말한다. 이때 전하 분리도가 상당히 높으면서도 전체적으로 음과 양의 전하 수가 같아서 중성을 띠게 된다.
① 용매와 용질이 완전히 혼합되어 단일상을 이루는 용액과 달리, 콜로이드 또는 콜로이드 분산은 크기가 1~1,000nm이고 불용성인 물질이 분산된 상태로 다른 물질과 섞여 있는 혼합물을 말한다.
② 입자물리학의 표준 모형(standard model)에 따르면 우리 우주를 구성하는 가장 근본적인 입자로서 강한 상호작용을 비롯하여 네 가지 근본적인 힘이 모두 작용하고 스핀이 $\frac{1}{2}$인 페르미온(fermion)이다.
④ 특정 온도 이하에서 물질의 전기저항과 내부 자속밀도가 0이 되는 현상을 초전도라 하며, 이러한 물질을 초전도체(superconductor)라고 한다.

## 19  ①

① 수영장 끝에 다다랐을 때 앞쪽으로 반 정도 돈 다음, 벽을 두 다리로 힘차게 밀어 다시 반대편을 향해 나아가는 턴이다.
② 터치하기 몇 스트로크 전 남은 거리를 계산한다. 선수는 그 수영장에 있는 특정물건(50m 끝에 있는)이나 풀 끝 5m 전 가로 질러 걸려 있는 배영표시 깃발을 참고로 한다. 터치는 15~20cm 깊이에서 이루어진다. 터치하는 팔은 운동량을 완충시키는 동시에 운동량이 Spin으로 변화시키는 역할을 한다. 몸은 바스켓 모양으로 구부러진다. 얼굴은 호흡을 하기 위해 물위로 올라온다. 엉덩이는 물속에 잠겨있고 허벅지는 무릎을 수직으로 들어올린다. 끌려오는 팔은 회전을 돕기 위해 물을 쓸어준다. 스핀의 중간지점에서 터치 된 손은 물위로 되돌려진 후 반대 손과 합쳐져 푸시 오프 준비를 한다. 이때 팔의 동작은 신속하게 이루어져 하며 다리는 차고 나갈 지점을 찾아 벽 쪽으로 뻗는다. 이때 수면 아래로 약 50~60cm 지점이

적당하다(만약 다리의 터치지점이 너무 높이면 미는 방향은 수면에서 너무 깊은 방향이 된다). 팔은 다리가 터치지점을 찾기 이전에 빠르게 밀고나 갈 수 있도록 미리 준비가 되어 있어야 한다. Push-off는 순간적으로 이루어져야 하며 벽을 차고 Gliding 하는 동안 최대한 몸을 쭉 펴서 유선형을 만든다.

③ 마지막 스트로크를 한 팔을 허벅지 쪽으로 당기고 입수하는 팔과 반대쪽 어깨는 몸 중심선을 따라 수영장 벽으로 접근한다. 터치한 손으로 수영장 끝의 홈을 잡거나 수영장벽에 수직으로 손을 대기도 한다. 터치하는 팔은 접근 순간부터 아코디언처럼 팔목 팔꿈치 차례로 찌그러지는 완충작용을 하게 되고 순간적으로 선수의 운동량을 반대방향으로 바꾸어 준다. 이때 반대 팔은 물속에서 전방을 향해서 허리높이 정도에 위치해야만 몸이 물 밖으로 너무 떠올라 정확한 푸시 오프(Push-off) 동작을 방해하는 것을 방지할 수 있다. 이제 몸은 수직 축으로 운동하고 있다. 터치한 손은 벽을 떠나 밀기(Push-off)를 위해서 준비하고 있는 팔과 재빨리 합쳐지고 다리가 벽에 붙기 전에 두 팔과 손은 푸시 오프를 준비한다. 이때 호흡을 위해 얼굴은 위로 돌려진다. 시간을 절약하기 위해 측면으로 몸을 민다. 또는 약간 누운 자세일 수도 있고 물속에서 완벽하게 정면으로 몸을 만든 후 푸시 오프할 수 있다.

④ 접근 시, 특별한 동작이 요구되지는 않지만 평영 턴에서는 반드시 양손 동시에 같은 높이에서 터치가 이루어져야 한다는 점을 기억하고 터치하기 전에 거리를 맞추기 위해 스트로크의 길이를 준비한다. 양손 동시에 터치한다. 터치하는 순간 선수의 순간운동량을 흡수하기 위하여 팔 무릎이 차례로 구부려지면서(마치 몸 전체가 빠른 속도로 돌진하는 자동차가 벽에 충돌했을 때 자동차 전면부터 차례로 찌그러지듯이) 순간정지 동작을 거친 후 상체가 측면 후방으로 던져지고 다리는 벽을 차고 나갈 지점으로 이동한다. 이때 반대 팔은 물속에서 터치한 직후 정면을 향해 준비되어 있어야 한다. 물 안에 가라앉은 팔은 물을 쓸어주고 다리는 벽을 밀수 있는 지점으로 옮기는 동시에 머리와 어깨는 벽을 밀기 위한 전초 동작으로 물속으로 가라앉는다. 선수는 머리가 물 안으로 들어가기 전에 숨을 들여 마신다. 벽을 터치한 팔은 순간 운동량을 벽을 밀어냄으로써 방향을 바꾸어 머리 위로 던져 입수한다. 실제 경기에서는 벽을 밀기 전에 몸을 수평으로 되돌릴 시간이 없다. 몸을 수평으로 만드는 동작은 벽을 차고 나오면서 글리딩 상태에서 자연스럽게 이루어진다.

**20 ②**

② 스웨덴 출신의 혼성 팝그룹 '아바(ABBA)'의 음악으로 만들어진 영국의 뮤지컬
① 흉측하게 일그러진 얼굴을 가면으로 가린 괴신사가 아름다운 프리마돈나를 짝사랑하는 이야기를 그린 뮤지컬
③ 프랑스의 대문호 빅토르 위고의 장편소설로 만들어진 뮤지컬
④ 새로운 자유를 표방하는 50년대 미국 젊은이들 사이에서 유행했던 로큰롤 문화를 소재로 젊은이들의 꿈과 열정, 사랑을 그린 뮤지컬

# 제2회 정답 및 해설

**1.** ③

③ 걸치거나 두른 것이 미끄러지거나 처지다.
① 액체 따위가 낮은 곳으로 내려가거나 넘쳐서 떨어지다.
② 기운이나 상태 따위가 겉으로 드러나다.
④ 새어서 빠지거나 떨어지다.

**2.** ①

• 인출(引出) : 예금 따위를 찾음
• 지출(支出) : 어떤 목적을 위하여 돈을 지급하는 일
• 반출(搬出) : 운반하여 냄

**3.** ③

주어진 문장은 대출이 늘어난 이유를 말하고 있고, (다) 앞에서 대출이 급증한다는 언급이 있으므로 주어진 문장이 들어가기에 가장 적절한 곳은 (다)이다.

**4.** ④

단어의 결합 원리에 대해 자세하게 설명하고 있다.

**5.** ①

빈칸 뒤에 '하지만 ~ 위치를 알아낼 수 있다.'가 나타나므로 빈칸은 반대되는 내용이 들어가는 것이 가장 적절하다.

**6.** ①

㉠ 앞의 내용이 도덕적 평가는 운에 따라 달라져서는 안 되고, 스스로가 통제할 수 있는 것에 대해서만 이루어져야 한다고 했으므로 ①의 진술이 적절하다.

**7.** ③

제시된 자료는 일제강점기 여러 역사 연구 방향 중 실증사학을 설명하고 있다. '민족의 구체적인 실상과 그 진전의 정세', '일반적인 법칙이나 공식만 미리 가정 ~ 안 된다.'를 통해 실증사학임을 알 수 있다.
③ 실증사학은 국수주의 성격을 극복하여 근대적 역사관의 수립에 공헌하였으며, 한국 역사학의 방향을 실증사학으로 전환시켰다.
① 사회경제사학의 백남운은 식민사관의 정체성론을 비판하였다.
② 민족주의사학의 박은식은 실천적인 양명학을 발전시킬 것을 주장하였다.
④ 사회경제사학은 유물사관을 도입하여 한국사에 있어서 사회적 발전에 주목하고 그 발전과정을 체계적으로 이해하였다.
※ 낭가사상은 상고시대 이래 태양을 숭배하고 상무정신이 강하며 자주적인 전통을 지닌 한국민족의 토착 사상이다. 이러한 낭가의 조직은 고구려의 조의선인이나 신라의 화랑제도로 발전되었다. 불교는 어느 곳에서나 그 곳의 전통적인 사상이나 풍속과 결합하면서 발전하는 경향이 있어 한국에서는 낭가와 결합하는 현상을 나타냈다.

**8.** ③

백제의 부흥운동(660~663) … 왕족인 복신과 승려 도침이 왕자 풍을 추대하여 주류성(한산)에서 부흥운동을 일으켰으나 나·당연합군의 공격과 지배계층의 내분으로 실패하였다.

**9.** ④

민정(촌락)문서 … 촌의 면적, 호구, 인구수, 전답의 면적, 삼밭, 뽕나무·잣나무·호두나무, 소·말 등의 수효가 기록된 장적으로 조세·공납 부과와 부역 동원을 위해 3년마다 작성되었다.
ㄱ 호의 등급 : 노동력의 다소별로 9등급
ㄴ 인구의 등급 : 남녀·연령별로 6등급
ㄷ 토지의 종류 : 촌주위답(촌주에게 지급), 연수유답(정남에게 지급), 관모답, 내시령답

**10.** ①
① 진대법은 고구려 고국천왕 때에 재상 을파소에 의해 제창되어 실시된 빈민구제제도이다. 이 제도는 토지를 잃고 몰락하는 농민을 구제하고, 귀족의 고리대업에 의해 노비로 전락하는 농민들을 없애기 위해 실시한 춘대추납(春貸秋納)의 농민구제시책이었다. 이 제도는 고려시대의 의창, 조선시대의 환곡제도로 이어졌다.
③ 상평창은 고려시대 물가조절기구로서 개경, 서경과 12목에 설치하여 곡식과 베의 값이 내렸을 때 사들였다가, 값이 오르면 싸게 내다 팔아서 물가안정을 도모한 기구였다.

**11.** ①

직지심경(1377, 직지심체요절) … 현존하는 최고(最古)의 금속활자본으로, 파리국립도서관에 있다.

**12.** ③

물산장려운동 … 1922년 평양에서 조만식의 주도로 시작되어 전국으로 확산된 국산품 애용운동으로, 민족산업을 육성함으로써 민족경제의 자립기반을 조성하기 위한 운동이었다. 표어는 1923년 조선물산장려회가 조직되어 근검저축, 생활 개선, 금주·단연운동 등의 실천요강을 내걸었다.

**13.** ③

인포데믹스 … 정보(information)와 전염병(epidemics)의 합성어로, 정보 확산으로 인한 부작용으로 추측이나 뜬소문이 덧붙여진 부정확한 정보가 인터넷이나 휴대전화를 통해 전염병처럼 빠르게 전파되는 현상을 말한다.
인포데믹스의 발전은 소셜 미디어(Social Media) 발전과도 연관 깊으며, 익명성을 악용한 루머 유포나 사이버 폭력, 명예훼손 등이 사회적 문제로 떠오르고 있다. 코로나 19와 관련한 가짜 뉴스들을 예로 들 수 있고 경제, 정치, 안보 등 분야를 가리지 않고 나타나고 있다.

**14.** ①

퍼레니얼 세대(Perennial generation)는 기존의 세대 구분과 달리 연령에 관계없이 다양한 세대의 특성을 가진 사람들을 의미한다. 은퇴 후에도 학업을 하거나 재취업에 도전하는 노인 또는 Z세대에 해당하는 연령층이지만, 부모님과 같은 취향·문화를 추구하는 사람들은 퍼레니얼에 속한다.

**15.** ②
① 구입한 부동산을 단기적 이익을 목적으로 하여 다시 파는 것
③ 부동산권리의 하자 유무를 문서와 도면상으로 확인하는 작업
④ 상품이나 유가증권의 시세변동에 의해 발생하는 차익 획득을 목적으로 하는 거래행위

## 16. ③

**퍼스트펭귄** ⋯ 선구자 또는 도전자의 의미로 사용되는 관용어로, 남극 펭귄들이 사냥하기 위해 바다로 뛰어드는 것을 두려워하지만 펭귄 한 마리가 먼저 용기를 내 뛰어들면 무리가 따라서 바다로 들어간다는 데에서 유래되었다.

① 기업의 상품이나 서비스를 구매하지 않으면서 자신의 실속을 차리기에만 관심을 두고 있는 소비자를 말한다. 신포도 대신 체리(버찌)만 골라먹는 사람이라는 뜻으로, 본래는 신용카드 회사의 특별한 서비스 혜택만 누리고 카드는 사용하지 않는 고객을 가리킨다.

② 두렵고 피하고 싶었던 상황에 처해 있다는 것을 갑자기 깨닫게 되는 순간을 뜻한다. 증권시장에서는 증시의 갑작스러운 붕괴를 일컬을 때 이 용어를 사용한다.

④ 도저히 일어날 것 같지 않은 일이 일어나는 것을 얘기하는 것으로, 월가 투자전문가인 나심 니콜라스 탈레브가 그의 저서 '검은 백조(The black swan)'를 통해 서브프라임 모기지 사태를 예언하면서 두루 쓰이게 되었다.

## 17. ②

**베르누이의 정리** ⋯ 1738년 과학자 다니엘 베르누이가 정리하여 발표한 내용으로서 정상 운동을 하고 있는 비점성 유체에 대한 에너지 보존을 나타내는 정리이다. 즉, 유체에 가해지는 일이 없는 경우에 유체의 속도와 압력 그리고 위치 에너지 사이의 관계를 나타낸 식으로 이 정리를 나타낼 수 있다.

① 뉴턴의 운동 법칙은 힘이 작용하는 물체가 어떤 운동을 하는지를 기술하는 자연법칙이며, 고전역학의 토대

③ 기체의 부피는 1℃ 올라갈 때마다 0℃일 때 부피의 1/273씩 증가한다는 법칙

④ 수조의 측면 또는 저면의 구멍으로부터, 유출하는 물의 유속과 수면까지의 높이와의 관계를 나타내는 정리

## 18. ②

**님비 현상** ⋯ 'Not In My Back Yard'의 약어로, 혐오시설이 자기 지역 내에 설치되는 것을 반대하는 현상이다.

① **스프롤 현상** : 도시의 급격한 팽창에 의해 대도시의 교외가 무질하고 무계획적으로 주택화 되어가는 현상을 말한다.

③ **아노미 현상** : 급격한 사회변동 과정에서 규범의 혼란을 느끼는 상태를 말한다.

④ **소외 현상** : 개인이 사회로부터 감정적 단절을 느끼는 현상을 말한다.

## 19. ④

④ 게릴라 작전처럼 기습적으로 행해지며 교묘히 규제를 피해가는 마케팅

① 잠재고객이 많이 모인 장소에 갑자기 등장해 상품 선전이나 판매촉진 활동을 하는 마케팅

② 블로그나 카페 등을 통해 소비자들에게 자연스럽게 정보를 제공하여 기업의 신뢰도 및 인지도를 상승시키고 구매욕구를 자극시키는 마케팅

③ 소비자의 일상생활을 파고드는 마케팅

## 20. ③

③ 독일 통일을 위해 철혈정책과 오스트리아 배척정책을 실시한 인물

① 2012년 3월, 구동독 출신 최초로 독일 대통령으로 선출됨

② 옛 서독의 총리로, 동서화해 정책(동방정책)을 추구하여 1971년 노벨평화상을 수상한 인물

④ 16년(1982~1998)을 재임한 독일 최장수 총리이자 1990년 베를린 장벽을 허문 '독일 통일의 아버지'

# 제3회 정답 및 해설

**1.** ②

② 함께 팔리거나 섞이다.

① 물건을 흙이나 다른 물건 속에 넣어 보이지 않게 쌓아 덮다.

③ 의자나 이불 같은 데에 몸을 깊이 기대다.

④ 무엇을 밝히거나 알아내기 위하여 상대편의 대답이나 설명을 요구하는 내용으로 말하다.

**2.** ④

• 고립(孤立) : 다른 사람과 어울리어 사귀지 아니하거나 도움을 받지 못하여 외톨이로 됨

• 설립(設立) : 기관이나 조직체 따위를 만들어 일으킴

• 난립(亂立) : 질서 없이 여기저기서 나섬

**3.** ④

주어진 문장은 민간 위탁에 관한 설명이기 때문에 앞 문장에 위탁 제도에 대한 언급이 필요하다. 따라서 주어진 문장이 들어가기에 가장 적절한 곳은 (라)이다.

**4.** ①

제시된 글은 주요 개념을 비교하여 설명하고 있다.

② 대상 간의 공통점을 설명하고 있다.

③ 대상의 한계를 극복하기 위한 대안을 제시하고 있다.

④ 시간의 흐름에 따른 대상의 변화에 대해 설명하고 있다.

**5.** ④

제시된 글의 마지막 부분에 '작업에서 핵심 역할을 하는 것이 취미 판단 이론'이라고 했으므로 이어질 내용은 이와 관련된 내용이어야 한다.

**6.** ④

④ 그릇되게 해석하거나 뜻을 잘못 앎

① 지지하여 도움

② 요구나 제의 따위를 받아들이지 않고 물리침

③ 꺼리거나 어려워하는 기색

**7.** ④

④ 세종대왕의 한글창제는 우리나라의 창조적인 문화유산이다.

**8.** ④

상대등에 대한 설명으로 법흥왕이 마련한 제도로서 귀족의 이익을 대변하는 수상격의 자리이다. 이는 신라가 왕권 중심의 귀족국가체제를 갖추어 간 것을 의미한다.

**9.** ③

㉠ 귀족관료들에게 관직복무의 대가로 지급된 토지(수조권만 지급)

㉡ 관리들에게 봉급 대신 지급한 토지

㉢ 일반 백성에게 지급된 토지, 조를 바치게 하였음

㉣ 전쟁에서 공을 세운 장군이나 귀족에게 지급된 토지

※ 신라 정부는 귀족세력들을 억누르기 위해 관리에게 관료전을 지급하고 녹읍을 폐지하였다. 그리고 일반 백성들에게는 정전을 주어 경작하게 하고 국가에 조세를 바치도록 하였다. 이는 귀족세력의 경제기반을 약화시켜 귀족세력을 억누르고 국가가 직접 농민을 지배하기 위한 정책이었다.

**10.** ③

6두품은 신분상의 제약으로 높은 관직에 오를 수는 없었지만 국왕의 정치적 조언자로서 새로운 시대를 열어갈 이념적 기반 및 새로운 사회건설을 위한 방향을 제시하였다.

**11.** ②

보조국사 지눌(1158~1210)
- ㉠ **조계종 중심의 선교통합운동** : 당시 불교계의 타락을 비판하면서, 참선(선종)과 지혜(교종)를 아울러 닦자는 정혜쌍수(定慧雙修)를 내세워 승려는 예불독경과 함께 참선 및 노동에 힘쓰자는 개혁운동을 전개하였다.
- ㉡ **돈오점수(頓悟漸修)** : 돈오(頓悟)는 인간의 마음이 곧 부처의 마음임을 깨닫는 것이며, 점수(漸修)는 깨달은 뒤에도 꾸준히 수행해야 해탈에 이를 수 있다는 것인데, 이는 선종 중심의 교종 통합을 의미한다.

**12.** ③

제시된 것들은 독립협회와 관련된 것이고, 독립협회에서 발행된 신문은 독립신문이다.

**13.** ①

런던협약은 폐기물 및 기타 물질의 해양 투기를 규제하고, 해양 환경 보호를 목적으로 한다.
- ② **바젤협약** : 유해 폐기물의 국가 간 이동을 규제하고, 안전한 폐기물 처리를 촉진하는 협약이다.
- ③ **몬트리올의정서** : 프레온가스 등과 같이 오존층을 파괴하는 물질의 생산 및 사용을 규제하기 위한 국제 협약이다.
- ④ **교토의정서** : 온실가스 배출을 줄이기 위한 국제 협약으로, 기후 변화 대응을 주요 목표로 한다.

**14.** ①

**병목현상** … 병의 좁은 입구로 물이 나올 때 속도가 제한돼 있는것처럼, 소수의 구성 요소로 인해 시스템 전체 기능이 저하되는 현상을 말한다.
- ② **빨대 현상** : 좁은 빨대로 컵 안의 내용물을 빨아들이듯, 대도시가 주변 도시의 인구 및 경제력을 흡수하는 대도시 집중현상을 일컫는다. 교통여건의 개선이 균형 있는 지역 개발이 아닌 지역 쇠퇴를 초래하는 부작용으로, 1960년대에 일본 고속철도 신칸센이 개통된 후에 도쿄와 오사카 도시로 인구와 경제력이 집중되어 제3의 도시 고베가 위축되는 현상에서 비롯되었다.
- ③ **도넛 현상** : 대도시의 거주공간과 업무의 일부가 외곽지역으로 집중되고 도심에는 상업기관 및 공공기관만 남게되어 도심이 도넛모양으로 텅 비어버리는 것을 말한다.
- ④ **U턴 현상** : 대도시에 취직한 지방 출신자가 고향으로 되돌아가는 노동력 이동 현상을 말한다.

**15.** ④
- ① 조선 후기 순암 안정복이 고조선부터 고려말까지의 역사를 저술한 것
- ② 1941년 정지용이 발표한 두 번째 시집으로 9편으로 구성된 연작시
- ③ 1941년 서정주가 발표한 최초의 시집

**16.** ①

나노미터는 길이 단위의 하나로 $1 \times 10^{-9}$m를 가리킨다. 즉, 10억분의 1m를 가리키는 단위이다.

**17.** ①
- ① 사람들에게 브레이크가 고장 난 트롤리 상황을 제시하고 다수를 구하기 위해 소수를 희생할 수 있는지를 판단하게 하는 문제 상황을 가리키는 말이다.

② 자신의 이익만을 고려한 선택이 결국에는 자신뿐만 아니라 상대방에게도 불리한 결과를 유발하는 상황을 말한다.

③ 대인관계를 통한 친밀감 욕구와 자율성에 대한 욕구, 상처받지 않는 상태에 대한 욕구가 양립할 수 없다는 딜레마를 말한다.

④ '인간은 합리적이다'라는 전통경제학의 가정이 늘 옳지는 않다는 것을 증명하는 사례로 유명하다. 인간의 불합리를 증명하기 위해 몬티홀 문제(Monty Hall Problem)를 사용한다.

**18.** ②

② 프라임(prime)은 가장 중요하다는 뜻으로 프라임타임 (prime time)은 시청률이나 청취율이 가장 높아 광고비도 가장 비싼 방송시간대를 가리킨다. 드라이브 타임(drive time)이나 골든 아워(golden hours), 골든 타임(golden time), 피크 타임(peak time) 등으로도 불린다.

① 감독이나 선수의 요구에 의해서, 혹은 심판이 어떤 필요에 의해서 경기를 정지시키고자 할 때 외치는 소리나 그런 제스처를 말한다.

③ 수영에서는 풀장의 편도·왕복마다 측정한 소요시간을 말한다. 어떤 경우는 레이스의 도중시간을 말할 때도 있다. 경기에서 선수가 힘의 안배(按排)를 염두에 두는 것은 중요한 일인데, 그러기 위해서는 경기나 훈련시에 면밀하게 랩타임을 측정하는 일이 중요하다.

**19.** ③

③ 컴퓨터 프로그래밍 도구. 미국 매사추세츠 공과대학 (MIT) 미디어랩(Media Lab)의 라이프롱킨더가든그룹(LKG)이 만들어 무료로 제공했다.

① 객체 지향 프로그래밍 언어로서 보안성이 뛰어나며 컴파일한 코드는 다른 운영 체제에서 사용할 수 있도록 클래스(class)로 제공된다. 객체 지향 언어인 C++ 언어의 객체 지향적인 장점을 살리면서 분산 환경을 지원하며 더욱 효율적이다.

② 다양한 플랫폼에서 사용이 가능한 객체 지향 기반 인터프리터 방식의 고급 프로그래밍 언어 중 하나. 문법이 배우기 쉽고 결과를 바로 확인할 수 있어서 프로그래밍 초보자에게 추천되는 언어이다.

④ 1991년 핀란드 헬싱키 대학 학생이던 리누스 토발즈 (Linus Torvalds)가 대형 기종에서만 작동하던 운영 체계인 유닉스를 386 기종의 개인용 컴퓨터(PC)에서도 작동할 수 있게 만든 운영 체계. 인터넷을 통해 프로그램 소스 코드를 완전 무료로 공개하여 사용자는 원하는 대로 특정 기능을 추가할 수 있을 뿐만 아니라, 어느 플랫폼에도 포팅이 가능하다. 이러한 장점 때문에 일반 기업과 인터넷 서비스업체, 연구 기관 등에서 수요가 늘어나고 있다.

**20.** ③

③ 한 기업에서 새로 출시하는 상품으로 인해 그 기업에서 기존에 판매하던 다른 상품의 판매량이나 수익, 시장점유율이 감소하는 현상을 가리킨다. 카니발리제이션(cannibalization)이란 동족살인을 뜻하는 카니발리즘(cannibalism)에서 비롯된 용어로, 자기잠식 또는 자기시장잠식이라는 의미이다.

① 제품과 서비스의 결합(product servitization), 서비스의 상품화(service productization), 그리고 기존 서비스와 신규 서비스의 결합 현상을 포괄하는 개념이다. 제품에 서비스를 결합하는 대표 사례는 자동차에 유비쿼터스 환경을 구현해 주는 정보기술이 있으며, 서비스의 상품화는 농촌 체험마을 관광 상품을 들 수 있다.

② 1990년 마이클 해머가 제창한 기업 체질 및 구조의 근본적인 변혁을 가리킨다. 비용, 품질, 서비스, 속도와 같이 핵심이 되는 경영성과의 지표들을 비약적으로 향상시킬 수 있도록 사업활동을 근본적으로 다시 생각하여 조직구조와 업무방법을 혁신시키는 재설계 방법이다.

④ 제품 생산 및 공급에 주력하던 제조업체가 사업모델을 서비스 중심으로 변경하는 것을 가리킨다.

# 제4회 정답 및 해설

**1.** ③

- 눈보라가 치다(=불다).
- 날아오는 공을 치다(=부딪치다).
- 칸막이를 치다(=세우다).
- 자장면에 고춧가루를 치다(=뿌리다).

**2.** ③

과거에 대한 설명 (나), 이에 대한 반론 (가), 반론에 대한 추가 설명 (다)의 순서로 이어지는 것이 가장 적절하다.

**3.** ④

주어진 문장에서 '그러므로 필수아미노산은 음식물을 통해 섭취해야 한다'고 했으므로, 이 앞 문장은 섭취해야 하는 이유가 등장해야 한다. 따라서 주어진 문장이 들어가기에 가장 적절한 곳은 (라)이다.

**4.** ④

압력 항력은 물체의 운동 방향에서 바라본 물체의 단면적이 클수록 커진다.

**5.** ②

- (나) 자동차 설계 및 수리 시, 최하부 단위 수준에서 하는 것은 비효율
- (다) 자동차 내부의 확실한 구분이 주는 장점(의미 있는 구성단위)
- (가) 위 개념을 소프트웨어에 적용

**6.** ①

- ㉠의 앞 문단은 왕권 강화를 위한 조치이고, ㉠의 뒷 문장은 인사권과 반역자를 다스리는 한정된 권한만을 행사한다고 하였다. 따라서 ㉠의 앞, 뒤의 내용이 상반될 때 쓰이는 '그러나'가 들어가야 한다.
- ㉡의 앞 내용은 어전회의의 내용인 '상참', '윤대'에 대해 말하고 있고, ㉡의 뒤 내용은 '차대'애 대해 말하고 있다. 따라서 ㉡에는 앞 뒤 내용이 병렬적으로 구성될 수 있는 '그리고'가 들어가야 한다.

**7.** ④

① 고조선은 청동기문화를 기반으로 성립하였다.
② 단군은 제사장을 의미하고 왕검은 정치적 지배자를 뜻한다.
③ 8조금법의 절도죄에서 노비존재를 입증해준다.
④ 위만조선은 경제적·군사적 발전을 기반으로 한과 대립하였다.

**8.** ①

강동성 전투(1218)에서 고려와 몽고는 연합하여 거란을 물리치게 된다. 이를 구실로 몽고는 고려에게 공물을 요구하고 몽고사신이 공물을 받아가던 중 피살된 사건을 구실로 몽고의 침략이 시작된다.

**9.** ④

고려시대 대외무역의 발전과 함께 국제무역항으로 가장 번성한 곳은 벽란도이다.

**10.** ③

고려시대 신분구조
- ㉠ **귀족** : 왕족, 문벌이 좋은 5품 이상의 고위관리
- ㉡ **중류층** : 하급관리, 서리(중앙관청의 실무 관리), 남반(궁중관리), 향리(지방행정의 실무 담당), 하급장교
- ㉢ **양인** : 농민, 상인, 수공업자
- ㉣ **천민** : 노비, 향·소·부곡민, 화척(도살업자), 진척(뱃사공), 재인

**11.** ③

① 신라에서 제작된 것으로 세계에서 가장 오래된 목판인쇄물로서 닥나무로 만들어져서 품질이 뛰어나다.

② 직지심체요절이라고도 하며 1377년 고려 우왕 때 간행된 현존하는 세계 최고의 금속활자본이다.

④ 현종 때 거란 퇴치를 염원하며 대장경을 간행했으나 몽고 침입으로 불타 버리고 인쇄본 일부가 남았다.

**12.** ①

5·16군사정변을 통해 출범한 박정희 정부는 강력한 대통령제와 단원제의 권력구조를 바탕으로 하는 헌법에 의거하여 국정을 운용하고, 근대화와 급속한 경제 성장을 우선으로 채택하여 공업화를 강력히 추진하였다. 또한 10월유신을 선포함으로써 유신체제를 이루었으나 10·26사태로 붕괴되었다.

**13.** ④

**고위공직자범죄수사처** … 고위공직자 및 그 가족의 비리를 중점적으로 수사·기소하는 독립기관으로써, '공수처'라고도 한다. 2019년 12월 30일 '고위공직자범죄수사처 설치 및 운영에 관한 법률안(공수처법)'이 국회 본회의를 통과하고, 2020년 1월 7일 국무회의를 통해 공포되었다. 2월 10일에는 공수처 출범을 위해 제반 사항을 지원하는 국무총리 소속 '고위공직자범죄수사처 설립준비단'이 발족하고,

법 시행(7월 15일)과 함께 출범 예정이었으나 출범이 지연되었다. 이후 12월 10일 법 개정안이 국회를 통과해 해당 개정안이 12월 15일 공포·시행에 들어갔으며, 2021년 1월 21일 김진욱 초대 공수처장 취임과 함께 공식 출범하였다.

**14.** ①

**코드커팅** … '선을 끊는다'는 의미로 기존에 가입된 지상파나 케이블 등의 유료 방송을 해지한 시청자들이 OTT(Over-The-Top), 인터넷 TV와 같이 온라인 스트리밍 서비스 등의 새로운 플랫폼으로 이동하는 현상을 말한다.

**15.** ①

보크는 주자가 베이스에 있을 경우 투수가 규칙에 어긋나는 투구 동작을 하는 것을 말한다.

② 배트를 휘두르지 않고 공에 갖다 대듯이 가볍게 밀어 내야에 굴리는 타법

③ 야구경기에서 주자가 규칙에 따라서 누로 돌아가는 행위를 말하며, 진루를 하거나 뒤로 돌아올 때에 누를 밟지 않은 주자가 그 누를 다시 밟으려고 하는 것, 볼 데드(경기중단) 후에 누를 터치하는 것, 희생 플라이 볼을 쳤을 때 태그업(tag up:다음 베이스로 진루하기 위해 점유하고 있던 누를 되밟는 것)하는 것 등을 의미

④ 투수와 포수를 합쳐서 부르는 말

**16.** ②

**수정핵가족** … 결혼한 자녀 가족과 부모가 같은 집에 거주하지만 분리된 생활공간에서 독립적으로 생활하는 가족 형태를 일컫는 말이다.

① 부부와 미혼의 자녀만으로 이루어진 소가족

③ 가부장적인 사고방식에서 벗어난 '친근한' 이미지의 아버지를 일컫는 말

④ 자녀의 학교주변을 헬리콥터처럼 맴돌며 사사건건 학교 측에 통보·간섭하는 학부모를 일컫는 말

**17.** ①

**애빌린의 역설** … 한 집단의 결정이 그 어떤 구성원도 원하지 않는 방향으로 이루어지는 역설적인 상황을 뜻하는 말이다.

② 램프증후군

③ 노시보 효과

④ 가면현상

**18.** ②

② 기업에서 자금조달을 원활히 하고, 재무구조를 개선하고, 국민의 기업참여가 활발하게 이루어지게 하고, 국민경제가 발전할 수 있도록 기여하기 위해서 자사의 주식이나 경영의 내용을 공개하는 것을 말한다.

① 장기 자금 조달, 기업의 인수·합병, 프로젝트 파이낸스 등의 중개 업무를 하는 금융기관을 말한다. 단기자금 및 일반 예금, 대출을 취급하는 상업은행(CB : commercial bank)과 대비되는 개념이다.

③ 자기자본의 운영이 얼마나 효율적으로 이루어졌는지 반영하는 지표로 자기자본에 대한 기간이익의 비율로 나타낸다. 보통 경상이익, 세전순이익, 세후순이익 등이 기간이익으로 이용되며, 주식시장에서는 자기자본이익률이 주가에 반영되는 경향이 강하기 때문에 투자지표로도 자주 이용된다.

④ 현재의 주가를 주당순이익으로 나눈 것이다. 주가가 주당순이익의 몇 배인가를 나타낸 것으로 투자판단의 지표로 사용된다.

**19.** ②

**코스피지수** … 주가지수는 주식시장 전체의 움직임을 파악하기 위하여 작성하는 지수로 우리나라 경제 상황을 총체적으로 보여주는 지표이다.

우리나라의 종합주가지수(KOSPI)는 증권거래소가 1964. 1. 4.을 기준 시점으로 다우존스식 주가평균을 지수화한 수정 주가 평균지수를 산출, 발표하기 시작하였다.

다우존스식 주가지수는 주가지수를 구성하는 상장종목 중 일부 우량주만을 선정하여 산출하는 방식이다. 그 후 시장규모가 점차 확대됨에 따라 1972. 1. 4일부터는 지수의 채용종목을 늘리고 기준시점을 변경한 한국종합주가지수를 발표하였고 매년 지수의 채용종목수를 변경하여 왔다.

그러나 증권시장의 지속적 발전과 함께 증권분석의 새롭고 다양한 이론이 등장하면서 다우존스식 주가지수가 가지고 있는 문제점이 계속 노출됨에 따라 거래소는 시장 전체의 전반적인 주가동향을 보다 정확히 나타내기 위하여 1983. 1. 4일부터 시가총액식 주가지수로 전환하여 산출, 발표하고 있다.

시가총액식 주가지수는 일정시점의 시가총액과 현재시점의 시가총액을 대비, 현재의 주가수준을 판단하는 방식이다. 즉, 지난 1980년 1월 4일 기준 상장종목 전체의 시가총액을 100으로 보고 현재 상장종목들의 시가총액이 어느 수준에 놓여 있는지를 보여주는 시스템이다.

> 종합주가지수 = (비교시점의 시가총액 ÷ 기준시점의 시가총액) × 100

**20.** ④

광고 카피라이팅 5I

㉠ Idea : 멋진 아이디어에서 시작한다.

㉡ Immediate Impact : 직접적인 임팩트 관점에서 제작되어야 한다.

㉢ Incessant Interest : 메시지에서 계속 흥미를 가지도록 구성한다.

㉣ Information : 고객에 대한 필요한 정보를 수집하고 정확히 제시한다.

㉤ Impulsion : 충동을 불러일으키는 힘을 가져야 한다.

# 제5회 정답 및 해설

**1. ④**
- 비행기에 타다(=몸을 얹다).
- 장작이 타다(=불꽃이 일어나다).
- 월급을 타다(=받다).
- 커피를 타다(=섞다).

**2. ④**
일반적인 비난 제시 ⒟, 의문점 제시 ⒢, 의문에 대한 대답 ⒩의 순서로 이어지는 것이 가장 적절하다.

**3. ③**
빈칸 바로 앞에 '하지만'이 등장하였고, 빈칸 이전의 문장에서 '만화의 자유로움 때문에 독자의 읽기 시간 시간에 변화를 주게 된다'고 하였으므로 빈칸은 반대되는 성격의 영화의 단점이 들어가야 한다.

**4. ④**
피브로박터숙시노젠은 이 포도당을 자신의 세포 내에서 대사 과정을 거쳐 에너지원으로 이용하여 생존을 유지하고 개체 수를 늘림으로써 생장한다.

**5. ④**
⒩ 서양음악의 기보(오선지 위에 음표를 기재하는 방식)
⒟ 중세시대 성가의 기초인 교회선법(정격선법 및 종지음)
⒢ 변격선법의 이름 및 종지음
⒭ 교회선법의 중심음

**6. ④**
④ 사물의 성질이나 가치를 양부(良否), 우열 따위에서 본 분량이나 수준
① 기술상의 재주
② 맨 처음
③ 어떤 문제를 해결하는 방향으로 이끌어 가는 일의 첫 부분

**7. ②**
㉠ 부여에는 왕 아래 가축의 이름을 딴 마가, 우가, 저가, 구가와 대사자, 사자 등이 있었다.
㉡ 영고는 부여에서 12월에 열리는 제천행사이다.
㉢ 부여는 만주 송화강 유역의 평야지대를 중심으로 성장하였다.

**8. ①**
② 화폐와 곡식의 출납, 회계
③ 풍속의 교정, 관리의 비리 감찰
④ 국정 전반에 걸친 중요사항 결정

**9. ④**
고려시대에는 우경에 의한 깊이갈이(심경법)가 일반적으로 행해졌고, 2년 3작의 윤작법이 보급되어 갔다. 2모작과 모내기법은 조선초기의 농업기술이다.

**10. ①**
제시된 사회시설들은 빈민구제기관들이다.

**11.** ①

① 고려 충렬왕 때 승려인 일연이 쓴 대표적 야사(野史) 로서, 불교사를 중심으로 고대설화나 야사를 수록하 였으며, 단군을 민족의 시조로 보는 자주의식을 나타 낸 사서이다.

② 고려 고종 때 이규보가 동명왕을 고구려 건국의 영웅 으로 칭송한 일종의 영웅서사시이다.

③ 김부식에 의해 기전체로 쓰여진 정사로서, 유교적 역 사의식에 입각하여 서술된 고려중기의 대표적 사서이 다.

④ 고려 현종 때 왕조실록이 거란의 침입으로 불에 타 소실되자, 태조부터 목종에 이르는 사실을 재정리한 것이다. 덕종 때 황주량에 의해 편찬되었으나 현재 전하지 않는다.

**12.** ②

일제는 군사적 위협을 가해 일방적으로 제2차 한·일협 약(을사조약)의 성립을 선포하여 외교권을 박탈하고 통감 부를 설치하여 내정까지 간섭하였다. 이에 장지연은 시일 야방성대곡의 격렬한 항일언론을 펴 일제를 규탄하고 민 족적 항쟁을 호소하였다.

**13.** ③

① 리디노미네이션 : 화폐 단위를 하향 조정하는 것을 말 한다.

② 머천다이징 : 적당한 상품을 적당하게 제공하기 위한 상품화 계획이다.

④ 하우스 푸어 : 집을 소유하고 잇지만 과한 대출로 빈곤 하게 사는 사람을 일컫는다.

**14.** ①

스태그플레이션 … 경기불황 속에서 물가상승이 발생하는 상태로, 인프레이션과 디플레이션이 동시에 일어나는 경우 를 일컫는다.

② 택스플레이션 : 높은 세율이 인플레이션을 일으키는 경 우를 말한다.

③ 디플레이션 : 물가가 하락하고 경제활동이 침체되는 현 상을 말한다.

④ 디스인플레이션 : 인플레이션을 수습하기 위한 경제정책 을 말한다.

**15.** ④

천지창조는 미켈란젤로가 로마의 시스티나 성당 천장에 그린 세계 최대의 벽화를 말한다.

오라토리오는 17~18세기 가장 성행했던 대규모의 종교 적 극음악을 말한다.

**16.** ①

대취타(大吹打) … 조선시대에 관리들의 공식적인 행차에 따르는 행진음악이다. 부는 악기인 취(吹)악기와 때리는 악 기인 타(打)악기로 연주하는 음악이라는 뜻에서 '대취타(大 吹打)'라는 곡명이 붙여졌다. 조선조 궁중의 선전관청과 각 영문(營門)에 소속된 악수(樂手)들에 의해서 임금이 성문 밖이나 능(陵)으로 행차할 때, 혹은 군대의 행진·개선 또 는 선유락(船遊樂)·항장무(項莊舞)·검기무(劍技舞)와 같 은 궁중무용의 반주음악으로 사용되던 음악이었다.

② 조선 전기에 만들어진 아악곡(雅樂曲)으로 임금의 행 차나 궁중의 연회 등에서 연주되던 관현합주곡

③ 향악에 속하는 관악합주곡의 하나, 일명 '정읍(井邑)'. 신라 때에 만들어진 향악의 일종인데, 매우 완만하게 연주되는 장중한 곡풍과 독특한 짜임새로 인해 조선 후기 궁중음악 양식의 갈래를 대표하는 곡

④ 종묘(宗廟)의 본전(本殿)과 영녕전(永寧殿) 제향(祭享) 때 연주되는 음악. 문묘제례악(文廟祭禮樂)처럼 종묘 제례악은 악기로 연주하는 기악(器樂), 노래로 부르는 악장(樂章), 그리고 의식무용인 일무(佾舞), 이렇게 악가무의 세 가지로 구성

**17.** ①

① 무한책임사원만으로 구성되는 회사

② 무한책임사원과 유한책임사원으로 구성되는 복합적 조직의 회사

③ 다른 회사의 주식을 소유함으로써, 사업활동을 지배하는 것을 주된 사업으로 하는 회사

④ 사원이 회사에 대하여 출자금액을 한도로 책임을 질 뿐, 회사채권자에 대하여 아무 책임도 지지 않는 사원으로 구성된 회사

**18.** ④

④ 신문 광고의 매체 가치를 발행 부수와 비용의 양면에서 경제적으로 평가할 때 이용하는 척도다. 밀라인 레이트는 발행부수 100만 부당 광고 지면 1행의 경우 광고 요율을 표시한 것이다. 우리나라에서는 1행을 1cm 1단으로 한다.

① 연속된 이미지들을 촬영하거나 재현하는 속도의 비율. 프레임 레이트는 필름의 초당 24프레임, 비디오의 초당 30프레임과 같이 초당 진행되는 프레임의 수로 측정한다.

② 통신이나 계산기에서 사용되는 펄스(pulse)의 속도로서 1초간에 포함되는 펄스의 수로 나타낸다. 비트 레이트가 클수록 많은 정보를 송출할 수 있다.

③ 방송요금 혹은 전파요율. 시청취율의 고저에 따라 몇 개의 급으로 구분되고 있는데, 일정기간 일정회수의 광고를 계약한 경우에는 할인요율이 적용된다.

**19.** ①

㉠ **섭씨온도** : 섭씨온도는 온도의 단위이고, 기호로는 $^\circ$C로 표기한다. 일상생활에서 널리 쓰이는 온도의 단위이다. 1기압(대기압)에서 물이 어는점을 0도, 물이 끓는점을 100도로 하여, 100등분 한 것이 섭씨온도이고 기호로는 $^\circ$C로 쓴다.

㉡ **절대온도** : 열역학의 표준온도로 켈빈온도라고도 한다. 단위는 K이다. 절대영도를 온도의 기준점인 0 K로 하고, 섭씨온도와 같은 온도눈금으로 잰 온도가 절대온도이다. 즉, 두 온도의 차이가 절대온도로 1K라면, 섭씨온도로도 1$^\circ$C이다. 절대영도는 자연에서 존재할 수 있는 가장 낮은 온도이다. 절대온도 $T$와 섭씨온도 $e$의 관계는 $T = e + 273.15$로 주어진다. 즉, 절대영도는 $-273.15$ $^\circ$C이다.

**20.** ③

③ 입주자들이 사생활은 누리면서도 공용 공간에선 공동체 생활을 하는 협동 주거 형태. 새로운 공동성을 목표로 한 주민 참가형의 주택 설계, 공급의 총칭을 말한다.

① 다수가 한 집에서 살면서 개인적인 공간인 침실 외에 거실·화장실·주방 등을 공유하는 주거 방식을 가리킨다. 최근 1인 가구 증가 및 미니멀라이프와 공유경제 개념이 확산되면서 점차 그 수요가 늘고 있는 추세이다.

② 단독주택과 공동주택의 장점을 겸한 것으로 1~2층의 단독주택이 10~100가구씩 모여 정원과 담을 공유하는 단독주택군이다. 개인의 프라이버시를 보호하면서 동시에 방범·방재 등 관리의 효율성을 높인 주거형태다.

④ 숙박시설 내에 최고급 Room을 말하거나 아파트와 호텔의 장점을 살린 최고급 주거건물 혹은 장기투숙자들이 원하는 기간만큼 머물수 있는 고급 주거형태를 뜻하기도 한다.

# MEMO